E-Book inside

Mit dem Kauf dieses Buchs erhalten Sie das zugehörige E-Book gratis. Sie können dabei aus zwei Dateiformaten wählen: EPUB (gängiges Format für E-Reader und Tablets) und PDF (für PC und Laptop). So kommen Sie an Ihr kostenloses E-Book:

Rufen Sie im Internet diese Website auf:
↗ http://www.junfermann.de/ebook-inside

Geben Sie den unten stehenden Code in das dafür vorgesehene Feld ein und klicken Sie → Code einlösen. Nach Eingabe Ihrer E-Mail-Adresse und Auswahl des E-Book-Formats erhalten Sie sofort einen Download-Link für das gewünschte E-Book an Ihre E-Mail-Adresse.

Bitte beachten Sie, dass der Code für Sie personalisiert wird und nur einmal gültig ist. Die Datei müssen Sie zunächst auf Ihrem Computer speichern, bevor Sie sie auf ein mobiles Endgerät überspielen können.

17RMI8ZJ

Ulrike Hensel
Hochsensibel sein
22 Impulse für einen guten Umgang mit der eigenen Hochsensibilität

www.junfermann.de

blogweise.junfermann.de

www.facebook.com/junfermann

twitter.com/junfermann

www.youtube.com/user/Junfermann

www.instagram.com/junfermannverlag

ULRIKE HENSEL

HOCHSENSIBEL SEIN

22 IMPULSE FÜR EINEN GUTEN UMGANG
MIT DER EIGENEN HOCHSENSIBILITÄT

Junfermann Verlag
Paderborn
2023

Copyright	© Junfermann Verlag, Paderborn 2023
Coverfoto	© Ulrike Hensel
Fotos im Buch	© Ulrike Hensel
Covergestaltung / Reihenentwurf	Junfermann Druck & Service GmbH & Co. KG, Paderborn
Satz & Layout	Junfermann Druck & Service GmbH & Co. KG, Paderborn
	Alle Rechte vorbehalten. Das Werk einschließlich aller seiner Teile ist urheberrechtlich geschützt. Jede Verwendung außerhalb der engen Grenzen des Urheberrechtsgesetzes ist ohne Zustimmung des Verlages unzulässig und strafbar. Dies gilt insbesondere für Vervielfältigungen, Übersetzungen, Mikroverfilmungen und die Einspeicherung und Verarbeitung in elektronischen Systemen.
Bibliografische Information der Deutschen Nationalbibliothek	Die Deutsche Nationalbibliothek verzeichnet diese Publikation in der Deutschen Nationalbibliografie; detaillierte bibliografische Daten sind im Internet über http://dnb.d-nb.de abrufbar.
	ISBN 978-3-7495-0460-2 *Dieses Buch erscheint parallel als E-Book.* *ISBN: 978-3-7495-0461-9 (EPUB), 978-3-7495-0462-6 (PDF).*

Inhalt

Einführung 7

1. Die Wesensart Hochsensibilität 9
   IMPULS: Befassen Sie sich mit dem Thema! 11
2. Worin sich Hochsensibilität zeigt 12
   IMPULS: Erkennen Sie Ihr Naturell! 15
3. Betrachtungsweise von Hochsensibilität 16
   IMPULS: Sehen Sie die Hochsensibilität neutral! 17
4. Was die Erkenntnis bringt 18
   IMPULS: Gehen Sie Ihren stimmigen Weg! 20
5. Über die eigene Hochsensibilität sprechen 21
   IMPULS: Erklären Sie sich! 31
6. Sich vor Übererregung schützen 32
   IMPULS: Muten Sie sich nicht zu viel zu! 40
7. Akut-Hilfe bei Überreizung 41
   IMPULS: Nehmen Sie sich Raum und Zeit für sich! 46
8. Familienfeiern 47
   IMPULS: Balancieren Sie Rückzug und Teilnahme aus! .. 52
9. Zusammenwohnen 53
   IMPULS: Finden Sie heraus, was für Sie gut geht! 65
10. Zusammen oder getrennt schlafen 66
    IMPULS: Sorgen Sie für einen erholsamen Schlaf! 71
11. Urlaub 72
    IMPULS: Gestalten Sie Urlaube nach Ihren Bedürfnissen! ... 78
12. Einfühlungsvermögen 79
    IMPULS: Seien Sie auch sich selbst gegenüber einfühlsam! ... 85
13. Emotionale Abgrenzung 86
    IMPULS: Regulieren Sie den inneren und äußeren Abstand! ... 95

14.	Nein sagen...	96
	IMPULS: Sagen Sie Ja zu sich!...	103
15.	Wutausbrüche	104
	IMPULS: Halten Sie sich erst einmal zurück!	115
16.	Grübeln	117
	IMPULS: Bringen Sie sich auf andere Gedanken!	127
17.	Perfektionismus	128
	IMPULS: Erkennen Sie den Charme des Unvollkommenen!......	139
18.	Authentizität	140
	IMPULS: Seien Sie nicht nett, seien Sie echt!	148
19.	Gedanken ordnen	149
	IMPULS: Laden Sie den Gedankenwust auf dem Papier ab!	153
20.	Konflikte lösen	154
	IMPULS: Sprechen Sie die Sprache des Lebens!!	157
21.	Gegensätze ausbalancieren	158
	IMPULS: Leben Sie ein Sowohl-als-auch!.......................	162
22.	Werte einbringen..	163
	IMPULS: Verhalten Sie sich loyal zu Ihren Werten!	167
Schluss..		168
Literaturverzeichnis...		170

Einführung

Ich heiße Sie, liebe Leserin und lieber Leser, herzlich willkommen in diesem Buch. Schön, dass Sie sich Zeit fürs Lesen nehmen. Ich bin mir sicher, dass es sich lohnen wird. Denn Sie werden eine Reihe von Anregungen bekommen, wie Sie mit Ihrer eigenen Hochsensibilität gut umgehen können.

Das grundlegende Buch zur Hochsensibilität habe ich schon geschrieben, ebenfalls bei Junfermann: *Hochsensibilität verstehen und wertschätzen* (2018a). Darin erkläre ich ausführlich die Hochsensibilität und beschreibe ihre Auswirkungen in den verschiedenen Lebensbereichen, in der Familie, im Freundeskreis, in der Partnerschaft und im Beruf.

Im vorliegenden Buch beschäftige ich mich nun mit einzelnen Aspekten des Hochsensibelseins, die in meinen Coachings mit hochsensiblen Personen (abgekürzt HSP) und in meinen HSP-Gesprächsgruppen immer wieder angesprochen und diskutiert worden sind. Die Themen sind also aus dem hochsensiblen Leben gegriffen. Eine Begrenzung hat sich durch den maximal möglichen Umfang des Buches ergeben. So bleiben u. a. die Themen ausgespart, die ausdrücklich dem beruflichen Bereich zuzuordnen sind. (Das könnte noch mal ein extra Buch geben!)

Das Besondere an diesem Buch: Es ist modular aufgebaut. Die Kapitel sind jeweils in sich geschlossen geschrieben, sodass jedes auch ein Stück weit für sich stehen kann. Überschneidungen und Wiederholungen lassen sich da nicht vermeiden, denn mancher Gedanke und manche Empfehlung sind in verschiedenen Kontexten relevant.

Während des Schreibprozesses stand ich in Mail-Kontakt mit ca. 20 hochsensiblen Menschen, die ich persönlich kenne. HSP, die sich schon eine Weile mit ihrer Hochsensibilität auseinandersetzen und bereit waren, etwas von sich zu erzählen. Diesen HSP konnte ich zu den einzelnen Themen Fragen stellen und sie haben mir Antworten geschrieben. Das war für mich ungeheuer wertvoll, weil es meinen Blick auf die Themen und auf das Hochsensibelsein noch erweitert und vertieft hat. Ich habe die ausdrückliche Erlaubnis bekommen, Zitate aus den Antworten ins Buch zu übernehmen. Den Absprachen gemäß sind die Vornamen, die bei den HSP-Stimmen stehen, teilweise echt und teilweise von den Einzelnen gewählte Pseudonyme. An dieser Stelle ein ganz herzliches Dankeschön an alle, die mitgemacht haben. Ohne sie wäre das Buch nicht das, was es ist!

Wenn ich Empfehlungen gebe für einen guten Umgang mit der eigenen Hochsensibilität, möchte ich dies ausdrücklich nicht als Anleitung zur „Selbstoptimierung" verstanden wissen. Vielmehr möchte ich zu einer stimmigen persönlichen Entwicklung ermutigen, die auf die Entfaltung des hochsensiblen wie des individuellen Potenzials und auf größtmögliche Authentizität ausgerichtet ist.

Bitte beachten Sie, dass niemand mit dem Merkmal „hochsensibel" auch nur annähernd vollständig charakterisiert ist. Reduzieren Sie sich keinesfalls darauf und gehen Sie auch nicht davon aus, dass sich damit alles erklären und lösen lässt. Die Hochsensibilität ist zwar ein grundlegendes, veranlagungsbedingtes Wesensmerkmal, aber es kommen zahlreiche weitere Eigenschaften hinzu. Einen ebenso großen Einfluss haben die Lebensgeschichte, die Lebenserfahrungen und die Lebensumstände. Alles zusammen formt die individuelle Persönlichkeit. In erster Linie ist immer die Einzigartigkeit zu sehen und zu würdigen. Wenn ich etwas über HSP im Allgemeinen sage, trifft das selbstverständlich nicht gleichermaßen auf jede einzelne HSP zu. Bitte relativieren Sie die Aussagen entsprechend.

Ich möchte ausdrücklich darauf hinzuweisen, dass dieses Buch auf Selbsthilfe ausgerichtet ist. Bitte nehmen Sie anhaltende psychische Probleme ernst und zögern Sie nicht, professionelle therapeutische Unterstützung in Anspruch zu nehmen.

Hinweise zum Sprachgebrauch in diesem Buch:

HSP nutze ich als gängige Abkürzung für „Highly Sensitive Person" bzw. „Hochsensible Person" in der Einzahl und in der Mehrzahl. Sofern durch den Kontext nicht anders ersichtlich, gilt die Bezeichnung „HSP" für alle Geschlechter gleichermaßen.

Ich wünsche Ihnen eine aufschlussreiche Lektüre!
Ulrike Hensel
Aidlingen, im Frühjahr 2023

1. Die Wesensart Hochsensibilität

*„Ich habe herausgefunden, dass es erheblicher Anstrengung bedarf,
bis HSP ihre negativen Auffassungen gegenüber ihrer Sensibilität
ablegen und diese wahrhaftig schätzen lernen."*

Elaine Aron (*1944)

Schon zu allen Zeiten hat es diesen kleineren Teil der Bevölkerung gegeben, der deutlich sensibler ist als die Mehrheit, nur gab es dafür früher keinen Fachausdruck und keine neutrale Beschreibung. Heute gibt es das.

Das wissenschaftliche Konzept der Hochsensibilität, auf das sich heute alle Experten und Autoren beziehen, geht zurück auf Dr. Elaine N. Aron, eine US-amerikanische Psychologieprofessorin, klinische Psychologin und Psychotherapeutin, die Anfang der 1990er Jahre begann, sich eingehend mit dem angeborenen Wesenszug hoher Sensibilität auseinanderzusetzen. Sie führte selbst wissenschaftliche Studien durch und wertete zudem zahlreiche seinerzeit vorliegende Forschungsarbeiten anderer Wissenschaftler aus. Heute ist sie im Ruhestand, aber weiterhin aktiv als Botschafterin für hochsensible Menschen und im Austausch mit Forschungsgruppen weltweit.

Für den „Trait" (ein angeborener, unveränderlicher Wesenszug) der hohen Sensibilität prägte Aron den allgemeinsprachlichen Begriff „High

Sensitivity" (Hochsensibilität, manchmal auch sehr wörtlich mit Sensitivität übersetzt) bzw. den wissenschaftlichen Terminus „Sensory Processing Sensitivity" (Reizverarbeitungssensibilität), der von Forschenden auf diesem Gebiet bis heute verwendet wird. Die Abkürzung HSP steht im Englischen für Highly Sensitive Person, im Deutschen für Hochsensible Person(en).

Elaine Aron wollte mit der negativen Voreingenommenheit gegenüber hochsensiblen Menschen aufräumen und erreichen, dass Hochsensibilität nicht länger verwechselt wird mit Gehemmtheit, Schüchternheit, Ängstlichkeit, auch nicht mit Introvertiertheit und Neurotizismus und schon gar nicht als psychische Störung (z. B. Sozialphobie) oder Krankheit missverstanden wird. Ihr Anliegen war es, die hochsensible Persönlichkeit in einem positiveren Licht erscheinen zu lassen.

Nach Arons Kurzdefinition hat eine HSP ein empfindliches Nervensystem, nimmt innere und äußere Reize verstärkt wahr, bemerkt Feinheiten in ihrem Umfeld und ist leichter überreizt von einer stark stimulierenden Umgebung. Ihrer Erkenntnis nach gehören 15–20 Prozent der Menschen – Männer wie Frauen – zur Gruppe der Hochsensiblen. Die Veranlagung zur Hochsensibilität ist erblich.

Neben wissenschaftlichen Arbeiten veröffentlichte Elaine Aron eine Reihe populärer Bücher. Ihr erstes und bekanntestes Buch *The Highly Sensitive Person: How to Thrive When the World Overwhelms You* kam in den USA 1996 heraus und ist mittlerweile in sehr viele Sprachen übersetzt worden. In deutscher Sprache erschien es im Jahr 2005 unter dem Titel *Sind Sie hochsensibel? Wie Sie Ihre Empfindsamkeit erkennen, verstehen und nutzen* (inzwischen in der 10. Auflage erhältlich, 2015b). Ein weiteres sehr empfehlenswertes Buch von ihr ist *Hochsensibilität in der Liebe – Wie Ihre Empfindsamkeit die Partnerschaft bereichern kann* (2015a).

Dem neurowissenschaftlichen Erklärungsansatz zufolge liegt die Reizempfindlichkeit von HSP nicht in den Strukturen der Sinnesorgane selbst begründet, sondern in der Konstitution des Nervensystems, in der Art der neuronalen Verarbeitung der Sinneseindrücke. Wahrnehmung ist immer selektiv. „Neurologische Filter" sind die Wahrnehmungsfilter, die durch das Nervensystem vorgegeben sind. Die „Umschalt-Zentren" für Informationen auf dem Weg von den Sinnesorganen, aus dem Körper und vom gefühlmäßigen Empfinden zur Großhirnrinde liegen im Zwischenhirn. Untersuchungen mithilfe der Magnetresonanztomografie liefern Hinweise darauf, dass bei HSP eine erhöhte Aktivität im Zwischenhirn vorliegt. Bei ihnen laufen die Reizverarbeitungsvorgänge im Gehirn insofern anders, als dass im Zwischenhirn mehr Reize als relevant eingestuft, an die Großhirnrinde weitergeleitet und damit bewusst werden. Einfach ausgedrückt: Die Wahrnehmungsfilter von HSP sind durchlässiger, wodurch HSP viel mehr Wahrnehmungen zu verarbeiten haben.

Seit 2012 nennt Elaine Aron in ihren Veröffentlichungen vier Indikatoren für Hochsensibilität:
- Verarbeitungstiefe (Depth of Processing),
- Übererregbarkeit (Overarousability),
- Emotionale Intensität (Emotional Intensity) und
- Sinnessensibilität (Sensory Sensitivity).

Sie sagt, diese vier Indikatoren, die Hochsensibilität einfach beschreiben und in den wesentlichen Facetten darstellen, seien geeignet als Kriterien für ein Erkennen von Hochsensibilität bei sich selbst und auch bei anderen.

Eine Fülle von Informationen in englischer Sprache findet sich auf der Website von Elaine Aron: ↗ https://hsperson.com

Eine weitere Website möchte ich noch nennen, und zwar die von Prof. Michael Pluess, Entwicklungspsychologe an der Queen Mary University of London, und seinem Forschungsteam. Seit Ende 2021 gibt es die Website, die die Öffentlichkeit über Forschungsergebnisse zur Hochsensibilität informiert, auch in deutscher Sprache: ↗ http://www.sensitivityresearch.com/de/

> **IMPULS: Befassen Sie sich mit dem Thema!**
>
> Das Konzept der Hochsensibilität, begründet von Dr. Elaine Aron, als gültig anzuerkennen und sich gut über die Erkenntnisse zur Hochsensibilität zu informieren, ist eine wichtige Voraussetzung dafür, die eigene Wesensart annehmen zu können und einen guten Umgang damit zu finden.
>
> Empfehlenswerte Bücher und Online-Quellen finden Sie im Literaturverzeichnis am Ende des Buchs.

2. Worin sich Hochsensibilität zeigt

> „Hochsensibilität ist eine ererbte Tendenz, alles, was die Sinne erfassen,
> auf eine sehr feinfühlige und tiefsinnige Weise zu verarbeiten."
>
> Elaine Aron (*1944)

Hochsensibilität ist ein sehr umfassendes Phänomen, dessen Kennzeichen sich in drei Bereichen zeigen: im Wahrnehmen, Denken und Fühlen. Wobei natürlich alles miteinander verwoben ist und schließlich in der Gesamtheit zu der für HSP typischen Übererregbarkeit führt.

Die Art wahrzunehmen – die sensorische Komponente

Aufgrund ihrer hohen Sinnessensibilität nehmen HSP visuelle Eindrücke, Geräusche, Gerüche, Geschmacksempfindungen, Hautempfindungen (aktiv beim Tasten und passiv bei Berührungen, Temperatur, Druck, Zugluft) sowie Empfindungen aus dem eigenen Körper intensiver, detailreicher, differenzierter und in einer größeren Bandbreite wahr als Nicht-HSP. HSP sind von Natur aus andauernd aufmerksam und wachsam. Sie haben eine niedrige Wahrnehmungsschwelle und registrieren subtile Feinheiten in ihrer Umgebung. Die höhere Reizempfänglichkeit betrifft in der Regel alle Sinne, jedoch ist von HSP zu HSP unterschiedlich, welche(r) Sinn(e) eine vorrangige Rolle spielt / spielen.

Man kann sagen: HSP verfügen über eine außergewöhnliche Wahrnehmungsbegabung. Zugleich besteht generell eine hohe Störanfälligkeit und eine niedrige Toleranz gegenüber einer hohen Reizzufuhr.

Die Art zu denken – die kognitive Komponente

Die Gedankenwelt von HSP ist komplex, differenziert und multiperspektivisch. Die tiefe gedankliche Verarbeitung von Informationen – von Eindrücken, Erlebnissen, Erinnerungen, Vorstellungen, Impulsen, Gefühlen – ist eine oft weniger beachtete und dennoch grundlegende Charakteristik von Hochsensibilität. Es ist HSP wichtig, ihren Beobachtungen Bedeutung zu geben, den Dingen auf den Grund zu gehen, verschiedenste Aspekte und Blickwinkel in ihre Überlegungen mit einzubeziehen, Zusammenhänge herzustellen, übergreifend und ganzheitlich zu denken, das übergeordnete Prinzip zu erfassen. Dazu gehören ein hohes Maß an Selbstreflexion, ein tiefgründiges Nachsinnen über Gott und die Welt, oft auch ein Interesse an Spiritualität.

Man kann sagen: HSP verfügen über eine besondere kognitive Begabung (nicht zu verwechseln mit Hochbegabung). Sie denken sehr bildhaft, haben eine gute Vorstellungskraft und ein gutes Erinnerungsvermögen, sind zudem gut im kreativen, lösungsorientierten Denken. Problematisch werden kann die Tendenz, zu grübeln, in ein Karussell negativer Gedanken zu geraten und sich lebhaft auszumalen, was alles Schlimmes passieren könnte. Außerdem tun sich HSP aufgrund ihrer hohen Denkaktivität generell schwer, auch einmal abzuschalten.

Die Art zu fühlen – die emotionale Komponente

HSP fühlen intensiv, sind feinfühlig und einfühlsam. Sie reagieren emotional stärker als Nicht-HSP auf jegliche Ereignisse, die sie in ihrem Umfeld erleben oder von denen sie erfahren, und auf das, was im Zwischenmenschlichen geschieht. Sie werden von ihren Gefühlen oftmals geradezu überwältigt, bei mangelnder Selbstkontrolle kann es zu regelrechten Gefühlsausbrüchen kommen. Sämtliche Emotionen werden intensiv gefühlt, angenehme wie Liebe, Zufriedenheit, Freude, Vorfreude, Neugier, Begeisterung, Rührung ebenso wie unangenehme wie Angst, Ekel, Sorge, Traurigkeit, Schmerz, Ärger und Wut. In Konfliktsituationen schlagen ihre Gefühle hohe Wellen, Kritik und Vorwürfe treffen sie tief, manches Mal können schon Kleinigkeiten sie stark irritieren und beunruhigen. Alle Gefühlszustände hallen stark nach, es dauert also verhältnismäßig lange, bis sich eine Aufregung wieder gelegt hat.

Man kann sagen: HSP haben ein reiches Gefühlsleben und beste Voraussetzungen für eine hohe emotionale Intelligenz (die Fähigkeit, eigene und fremde Gefühle wahrzunehmen, zu verstehen und zu beeinflussen). Ihre Berührbarkeit ermöglicht es ihnen, Schönes intensiv zu genießen, macht sie aber auch dünnhäutig und verletzlich. Es fällt ihnen oftmals schwer, ihre Emotionen zu regulieren und sich dem Sog negativer Emotionen zu entziehen.

Die Übererregbarkeit

Unter denselben Umgebungsbedingungen sind HSP aufgrund ihrer größeren Reizoffenheit und Irritierbarkeit tendenziell früher als andere überstimuliert und übererregt und brauchen den Rückzug aus überfordernden Situationen, um sich wieder zu beruhigen.

> *Als ich meine Hochsensibilität kennenlernte, habe ich festgestellt, dass sie sich tatsächlich in allen Bereichen des Lebens mehr oder minder ausgeprägt wiederfindet. Da es für mich normal war und ist, z. B. gut zu hören, viel wahrzunehmen, intensiv, komplex und bebildert zu denken, oft tiefe Betroffenheit zu spüren usw., war ich bis zu dem Zeitpunkt nicht darauf gekommen, dass dies einem besonderen Phänomen zuzuordnen ist. (Bea)*

Introversion / Extraversion / Ambiversion

Obwohl introvertierte Menschen den Großteil der HSP ausmachen, sind nicht alle HSP introvertiert (nach Angaben von Elaine Aron sind es ca. 70 Prozent), und längst nicht alle Introvertierten sind hochsensibel. Die HSP, die zu den circa 30 Prozent gehören, die im sozialen Verhalten extravertiert sind, erkennen sich vielfach zunächst nicht wieder in der Beschreibung von Hochsensibilität, da viele der typischen Charakteristika nur eingeschränkt auf sie zutreffen und ihnen der Kontakt mit Menschen sehr viel bedeutet. Anders als nichthochsensible Extravertierte brauchen sie aber doch auch immer wieder den Rückzug aus der sozialen Interaktion, denn sie haben – ganz HSP – durchaus mit nervlicher Übererregung zu kämpfen und können sich nicht gut in Gegenwart anderer erholen.

Es gibt auch eine Bezeichnung für Menschen, die in der Mitte zwischen introvertiert und extravertiert einzuordnen sind: „ambivertiert" oder „zentrovertiert". Ihre Verhaltenstendenz ist weder eindeutig kontaktfreudig, nach außen orientiert und mitteilsam, noch eindeutig zurückhaltend, in sich gekehrt und still. Sie sind mal so und mal so, haben beide Anteile ungefähr gleichgewichtig.

> **IMPULS: Erkennen Sie Ihr Naturell!**
>
> Hochsensibilität macht sich in den Bereichen des Wahrnehmens, Fühlens und Denkens bemerkbar. Die umfangreiche Wahrnehmung, das intensive Empfinden aller Emotionen und die hohe Denkaktivität bedeuten in der Summe eine enorme Reizflut für HSP. Durch diese geraten HSP eher als andere in einen Zustand der Übererregung und Überforderung. Für HSP geht es darum, sich der Besonderheiten ihrer Art, sich selbst und die Welt zu erleben, bewusst zu werden, sie zu akzeptieren, sich darauf einzustellen und das Beste daraus zu machen.
>
> Für das bessere Selbstverständnis hilft auch die Einordnung bezüglich Introversion / Extraversion / Ambiversion. Auch diesbezüglich gilt es, die in der Persönlichkeit angelegte Tendenz anzunehmen, im Großen und Ganzen ihr entsprechend zu leben sowie große und kleine Entscheidungen danach auszurichten.

3. Betrachtungsweise von Hochsensibilität

> „Es sind nicht die Dinge, die uns beunruhigen, sondern die Meinungen, die wir von den Dingen haben."
>
> Epiktet (ca. 50 – 138)

Hochsensibilität hat beides: Licht- und Schattenseiten, Vor- und Nachteile. Jedwede einseitige Betrachtungsweise ist unangebracht. Wir haben es mit einem klaren Fall von „sowohl als auch" zu tun. Beeinträchtigung ist die eine Seite der Medaille, Bereicherung die andere. Und die eine Seite lässt sich von der anderen nicht trennen.

Die hohe Sensibilität wird je nach aktueller Situation und Herausforderung eher als Nachteil oder als Vorteil erlebt. Nehmen wir als Beispiele ganz unterschiedliche Szenarien, die sich auf die Sinnessensibilität beziehen: Wer der Flut von optischen, akustischen und geruchlichen Eindrücken während einer Fahrt in einer vollen Bahn ausgesetzt ist, vielleicht noch ungewollt mit Fremden auf Tuchfühlung gerät, gegen den Hunger am Bahnhof auf die Schnelle einen wenig schmackhaften Imbiss zu sich nimmt, erfährt die belastende Seite seiner Hochsensibilität. Dies bedeutet Stress pur. Wer im Sommer hingegen durch eine malerische Landschaft spaziert, dem Plätschern eines Bachs lauscht, den herrlichen Duft von

Blüten aufnimmt, ein laues Lüftchen auf der Haut spürt, den Geschmack von aromatischen Beeren genießt, bekommt durch seine Detailwahrnehmung und seine Gefühlsintensität Sinnesfreuden und Glücksmomente geschenkt.

Hochsensibilität kann also sowohl störend und hinderlich als auch erfreulich und nützlich sein – je nachdem, in welcher Lebenslage wir uns befinden, wie unsere Umgebungsbedingungen aussehen, wie sich unser Alltag gestaltet, vor welchen Aufgaben wir stehen, welche Lebenspläne wir haben.

Im Laufe der vielen Jahre meiner Coachingarbeit habe ich die Erfahrung gemacht, dass HSP, die darauf beharren, hochsensibel zu sein sei einfach nur belastend, ein Leben führen, das in grundlegender Weise ihrer hochsensiblen Bedürfnislage widerspricht und ihre Anpassungsfähigkeit überstrapaziert. Solange sie nicht über ihre gesamte Lebensgestaltung prüfend nachdenken und entschlossen notwendige Veränderungen in Angriff nehmen, werden sie weiterhin unter ihrer Hochsensibilität vornehmlich leiden und folglich auch keine andere Einstellung gewinnen können.

Wovon ich übrigens ausdrücklich abraten möchte, ist, in der Bewertung der eigenen Hochsensibilität von einem Extrem ins andere zu fallen, von einseitig negativ auf einseitig positiv umzuschwenken. Das würde man sich selbst gar nicht abnehmen, widerspricht es doch der eigenen Erlebniswirklichkeit. Hochsensibilität hat nun einmal auch belastende Seiten, zumal in unserer grellen, lauten, verdichteten und beschleunigten modernen Welt. Das sollte man nicht versuchen schönzureden. Genauso wenig sollte der neue Fokus auf Begabungen und Stärken zu einem elitären Denken und einer Art Überheblichkeit führen. Das wäre fehl am Platz und schädlich für sämtliche Beziehungen.

> **IMPULS: Sehen Sie die Hochsensibilität neutral!**
>
> Ob Hochsensibilität eher als Vorteil oder eher als Nachteil empfunden wird, hängt von den persönlichen Erfahrungen und der Einschätzung des Einzelnen ab. Empfehlenswert ist eine insgesamt neutrale Sichtweise, die die positiven Aspekte in den Blick nimmt, ohne die negativen zu verleugnen. Die Schwierigkeiten, die mit Hochsensibilität verbunden sind, sollten weder dramatisiert noch bagatellisiert werden. Und die der Wesensart innewohnenden Stärken sollte man schätzen, ohne sie zu überhöhen.

4. Was die Erkenntnis bringt

"Sie müssen verstehen, was es bedeutet, eine HSP zu sein, wie dies mit Ihren anderen Persönlichkeitsmerkmalen zusammenpasst und wie sich die negative Haltung der Gesellschaft auf Sie ausgewirkt hat."

Elaine Aron (*1944)

Von klein auf haben HSP immer wieder feststellen müssen, dass sie irgendwie „anders" sind, und haben sich oftmals als außenstehend erlebt – in der Ursprungsfamilie, der Schulklasse, der Freundesclique, später in der Ausbildung, im Studium, im Bekannten- und Kollegenkreis. Eine schmerzliche Erfahrung, ist es doch ein elementares menschliches Bedürfnis, sich zugehörig zu fühlen. Häufig sind HSP auf Unverständnis gestoßen und haben abwertende Kommentare über ihre Wesensart zu hören bekommen. Das heißt, ihnen hat die selbstverständliche Akzeptanz ihrer Gesamtpersönlichkeit gefehlt. Das zieht sich bis in die Gegenwart hinein, ist es im privaten Bereich häufig vorrangig der Partner/die Partnerin, dem/der es an Verständnis fehlt und der/die das Anderssein der HSP moniert.

Das Selbstbild von HSP ist über die Zeit entscheidend geprägt worden durch wiederkehrende Zuschreibungen wie „Du bist eigenartig!", „Du bist viel zu empfindlich!", „Du bist eine Mimose", „Du bist ein Sensibelchen", „Du bist schwierig!". HSP haben gedacht, etwas sei mit ihnen nicht in Ordnung, was zu einer beträchtlichen Verunsicherung geführt und ihr Selbstwertgefühl geschwächt hat. Eine Verunsicherung, die sich oft hartnäckig hält.

Ein neues Selbstverständnis ergibt sich, wenn sich Benennungen wandeln, weg vom Problematischen oder gar Pathologischen hin zur neutralen Beschreibung: Hochsensibilität statt Hypersensibilität, Wahrnehmungsbegabung statt Wahrnehmungsstörung, Normvariante statt Anomalie, Besonderheit statt Unzulänglichkeit. Worte sind wirkmächtig. Ich sehe daher allein schon eine große Bedeutung darin, dass die Vorsilbe „über" bzw. „hyper" durch „hoch" ersetzt wird – nicht mehr „überempfindlich" oder „hypersensibel", sondern hochsensibel! Das ändert in meinen Augen eine Menge, weil die Abweichung von einem „Normalmaß", das sich einfach durch die Mehrheit definiert, nicht mehr diskreditiert wird.

Für das bis dahin unerklärliche Anderssein den Terminus „Hochsensibilität" mitsamt Erklärung zu finden, ist für die meisten HSP eine riesige Erleichterung und Freude. Es wird nachvollziehbar, weshalb die Sehnsucht nach Annahme und Zugehörigkeit oft ungestillt blieb. Zuvor unzusammenhängende Einzelerscheinungen ergeben nun ein schlüssiges Gesamtbild. Mit dem neuen Wissen kann die hochsensible Wesensart neu eingeordnet und neu bewertet werden. Vergangene und gegenwärtige Erfahrungen erscheinen in einem ganz neuen Licht, was neue Perspektiven eröffnet.

> *Vieles in meinem Leben war auf einmal erklärbar, nicht mehr seltsam. Es ist ein neues Gefühl, obwohl sich an den Fakten nichts ändert. (Manuel)*

> *Nun mache ich mich auf den spannenden, befreienden Weg, mich ganz neu kennenzulernen. (Daniela)*

Die Schwierigkeiten, die mit dem Hochsensibelsein verbunden sind, lösen sich natürlich nicht auf einmal auf, können aber dingfest gemacht werden und sind somit leichter handhabbar. Das Selbstbild kann zurechtgerückt, mehr Selbstsicherheit gewonnen, die Selbstakzeptanz erhöht, die Selbstfürsorge gezielter und entschiedener ausgeübt werden. Sich selbst neu zu begreifen, bildet auch die Ausgangsbasis für konstruktive Begegnungen mit anderen Menschen. Das alles vollzieht sich natürlich nicht von heute auf morgen, sondern in einem allmählichen Prozess.

Häufig leitet die Erkenntnis eine Wende in der persönlichen Entwicklung ein. Das Selbstwertgefühl erstarkt und HSP können auch nach außen sicherer auftreten und besser für sich einstehen. Sie fühlen sich ermutigt, mehr Authentizität zu wagen und einen ihnen gemäßen Lebensweg zu beschreiten.

> **IMPULS: Gehen Sie Ihren stimmigen Weg!**
>
> Den Begriff Hochsensibilität zu entdecken und das Phänomen umfassend zu verstehen, ermöglicht HSP einen ganz neuen Blick auf sich selbst und andere sowie auf die spezifischen Herausforderungen im Miteinander. Die Erkenntnis bringt zumeist ein Gefühl der Erleichterung, Beruhigung und Rehabilitation. Sie beschert zudem die wohltuende Zugehörigkeit zur Gruppe der HSP. Mit dem Erkennen der eigenen Hochsensibilität ist auch eine Aufforderung zum Umdenken und zum veränderten Handeln verbunden – immer mehr in Übereinstimmung mit dem feinfühligen und empfindsamen Wesen.

5. Über die eigene Hochsensibilität sprechen

„Man muss mich nicht verstehen. Liebhaben reicht schon."

Arno Backhaus (*1950)

Das Unverständnis für ihre Wesensart, auf das HSP in ihrem ganzen Leben bei vielen ihrer Mitmenschen gestoßen sind, war so oft verbunden mit Kritik, Herabwürdigung und Beschämung, dass für viele von ihnen allein schon der Satz „Ich verstehe dich nicht" verletzend wirkt. Für die eigene Besonderheit die Erklärung Hochsensibilität gefunden zu haben, bedeutet für HSP, sich selbst besser zu verstehen und sich nicht mehr „verkehrt" zu fühlen. Häufig taucht sogleich der Impuls auf, diese Erkenntnis den anderen mitteilen zu wollen, aus dem sehnlichen Wunsch heraus, endlich verstanden zu werden. Sieht man genauer hin, wird klar, dass es im Grunde noch um mehr geht, nämlich darum, ernst genommen und respektiert zu werden, Einfühlung, Wertschätzung und Akzeptanz zu erfahren.

Tatsächlich besteht die Chance, dass all die Reaktionen, Verhaltensweisen und Bedürfnisse, die bei HSP auffallend anders sind, durch die Erklärung des Phänomens Hochsensibilität für andere besser nachvollziehbar und letztlich auch im Miteinander besser handhabbar werden. Dass Missverständnisse und Irritationen weniger, Verständnis und Harmonie mehr werden. Freunde werden zum Beispiel nicht mehr so schnell auf den Gedanken kommen, dass den HSP nichts an der Freundschaft liegt, wenn sie für einige Vorhaben nicht zu begeistern sind, manche Einladungen nicht annehmen oder zwar kommen, sich aber früher verabschieden.

Das Sprechen über die eigene Hochsensibilität hat aber durchaus auch seine Tücken. Kennen Partner:innen, Familienmitglieder und Freund:innen die Hochsensibilität in ihren Facetten und Auswirkungen, können sie den HSP zuliebe die ein oder andere Verhaltensweise (nicht ihr Wesen!) verändern und mancher HSP-gerechten Regelung oder Umgebungs(um)gestaltung zustimmen. Darum zu wissen, was HSP sich wünschen und brauchen, kann für Nicht-HSP allerdings nicht bedeuten, eigene Wünsche und Interessen immer hintanzustellen und nicht mehr engagiert zu vertreten. Langfristig sind nur fair ausgehandelte Lösungen tragfähig.

Sobald andere merken oder vermuten, dass HSP mit dem Argument „Ich bin so sensibel" einseitig erhebliche Zugeständnisse erreichen wollen, reagieren sie mit Abwehr und womöglich Abwertung. Wer die Aussage „Ich bin hochsensibel" gar wie einen Trumpf in der Hand für die rigorose Durchsetzung seiner Wünsche oder als Ausrede für eigene unsensible Verhaltensweisen nutzt („So bin ich nun mal!"), darf sich nicht wundern, wenn Unmut und Ablehnung die Reaktion sind. Auch das angemessene Sich-Mitteilen eröffnet zwar die Möglichkeit, verstanden und ernst genommen zu werden, ist aber kein Garant dafür.

Trotz all ihres Bemühens, sich zu erklären, wird sich der tiefe Wunsch der HSP, umfänglich verstanden zu werden, nur teilweise erfüllen. Für andere wird die hochsensible Wahrnehmung, zum Beispiel was alles stört und stresst, in ihrem Ausmaß unvorstellbar bleiben. Andere werden sich nach wie vor nicht in die intensive Gefühlswelt hineinfühlen und nicht in die weit verzweigte Gedankenwelt hineindenken können. (Bitte bedenken: HSP können sich ja auch nicht wirklich in robuste Menschen hineinversetzen!) Und sie werden immer wieder etwas unberücksichtigt lassen, was HSP sich wünschen würden, weil sie ebenso wenig wie HSP aus ihrer Haut heraus können, weil auch sie sind, wie sie sind. Nicht-HSP und HSP erleben in einer bestimmten Situation subjektiv eben nicht dasselbe, obwohl die äußeren Gegebenheiten dieselben sind. Hier treffen verschiedene Erlebniswirklichkeiten aufeinander. Die Herausforderung bleibt also, sich gegenseitig mit größtmöglicher Offenheit, Toleranz und Nachsicht zu begegnen.

> Mit anderen über Hochsensibilität und damit über mich zu sprechen hat viele Facetten: Im engeren Freundeskreis ging und geht es meistens dann ganz gut, wenn meine Gesprächspartner(innen) selbst ebenfalls hochsensibel sind. Dann erlebe ich Verständnis, wohltuendes Gesehen-Werden, ähnliche emotionale Schwingungen sowie Dankbarkeit, wenn ich auch schriftliche Informationen darüber anbiete.
>
> Hinsichtlich meines Partners waren die Versuche, ihm diese meine Eigenschaft nahezubringen, leider stets enttäuschend. Wie sehr hätte ich mich gefreut, wenn er ein Buch über Hochsensibilität wenigstens auszugsweise gelesen hätte, geht es darin doch um etwas, was mich u. a. im Kern ausmacht. Wie sehr wünsche ich mir VERSTÄNDNIS ... (Katinka)

> Eigentlich spreche ich nur mit Personen über Hochsensibilität, bei denen ich davon überzeugt bin, dass sie auch zu diesem illustren Kreis zählen. Es gibt immer noch Menschen, die davon nichts gehört haben und denen es somit ähnlich ergeht wie mir selbst über viele Jahre. Während ich bei HSP auf offene Ohren und Interesse stoße, ist mir das bei Nichthochsensiblen zu mühsam und zu anstrengend. Es ist, als müsse man einem Blinden die Farben erklären ... Und vielleicht fürchte ich auch, angreifbar zu werden.
>
> Ansonsten thematisiere ich das höchstens mit meinem Partner. Da ist es natürlich anders gelagert, ist er doch ständig mit meiner Hochsensibilität konfrontiert. Ich denke schon, dass er sich bemüht, mit meinem Anderssein umzugehen ... mehr oder weniger erfolgreich. (Birgit)

Welche Auffassung Gesprächspartner über Hochsensibilität gewinnen und wie sie reagieren, hängt unter anderem davon ab, wie HSP das Phänomen, ihre persönliche Situation und ihr Erleben beschreiben. Zeichnen sie ein Bild von einem leidgeplagten „Opfer", das wehrlos der Grobheit und Rücksichtslosigkeit der „unsensiblen" Umwelt ausgesetzt ist, wird das allenfalls Mitleid erregen, noch wahrscheinlicher aber Widerstand, weil darin ein Vorwurf mitschwingt. Ganz anders wird die Reaktion ausfallen, wenn sie in neutraler Weise ein Bild von einer Person vermitteln, die detailreich wahrnimmt, intensiv fühlt, vernetzt denkt und durchweg überdurchschnittlich empfindsam und empfindlich ist, mit allen Vor- und Nachteilen, die das mit sich bringt. Dies wird viel wahrscheinlicher mit Aufgeschlossenheit beantwortet.

Aus Berichten hochsensibler Männer weiß ich, dass es ein besonderer Fall ist, als Mann über die eigene Hochsensibilität zu sprechen, stehen doch die gesellschaftlich tief verankerten Vorstellungen davon, was Männlichkeit bedeutet, im Gegensatz zu den Charakteristika eines hochsensiblen Mannes.

Buchtipp: *Hochsensible Männer – Mit Feingefühl zur eigenen Stärke* von Tom Falkenstein (2017), Junfermann Verlag

> *Wenn man als Mann nicht als Mimose betrachtet werden will, beschränkt man Gespräche über die eigene Hochsensibilität besser auf die ganz nahestehenden Menschen und auch dort nur, wo eine echte Offenheit dafür besteht oder Beziehungsthemen es notwendig machen. (Christoph)*

> *Es gibt wenige Freunde, die das mit der Hochsensibilität wissen, weil ich immer das Empfinden habe, dass es überfordert oder Unverständnis hervorruft. (Markus)*

> *Eine Offenheit für das Thema Hochsensibilität stelle ich vor allem bei meinen weiblichen Freunden fest. Unter meinen männlichen Freunden findet das Thema keine besondere Aufmerksamkeit. Männliche Sensibilität scheint mir unter Männern meiner Generation immer noch ein ungeliebtes Thema zu sein, das instinktiv abgelehnt wird. Dennoch thematisiere ich Hochsensibilität gelegentlich auch bei meinen männlichen Freunden, weil sie wissen sollen, mit wem sie es zu tun haben und was mir wichtig ist. (Ingo)*

Was für Sie hilfreich sein kann

Warten Sie erst einmal ab!

Ist es für Sie umwälzend, eine Erklärung für so viel bis dahin Unerklärliches gefunden zu haben? Möchten Sie davon am liebsten sofort aller Welt erzählen? Besser nicht! Oftmals ist es klüger, die neu gewonnene Erkenntnis zunächst in Ruhe in sich zu bewegen, bevor man damit nach außen geht. Sonst kann es Ihnen passieren, dass Sie in eine ungewollte Diskussion über die Gültigkeit des Konzepts Hochsensibilität („Ist das denn überhaupt wissenschaftlich fundiert?"*, „Wieder so ein Modethema!") und einmal mehr in eine unbehagliche Position der Rechtfertigung geraten. Schützen Sie sich davor und festigen Sie zunächst das neue Verständnis für sich selbst.

(*Antwort: Ja, es ist wissenschaftlich erwiesen – siehe z. B. ↗ https://www.hochsensibel.org und ↗ https://sensitivityresearch.com/de)

Beginnen Sie bei denen, die Ihnen sehr nahe stehen!

Ob Sie über Ihre Hochsensibilität sprechen und wie ausführlich Sie sich und das Phänomen erklären, werden Sie von Fall zu Fall überlegen und in flexibler Weise vom Gesprächsverlauf abhängig machen. Bei der Entscheidung, wem Sie sich offenbaren, kommt es sehr darauf an, welche Rolle jemand in Ihrem Leben spielt und ob Sie davon ausgehen können, auf ernsthaftes Interesse und Respekt zu stoßen.

Ich würde sagen: Lassen Sie Ihren Partner, nahe Familienmitglieder, mit denen Sie in einem vertrauensvollen Kontakt stehen, und engste Freunde relativ zeitnah an der neuen Erkenntnis teilhaben. Das Nicht-Mitteilen von etwas, das Sie sehr beschäftigt und Ihnen viel bedeutet, würde sonst eine gewisse Distanz schaffen. Das Sich-Öffnen und Sich-Mitteilen hingegen ermöglicht eine Verbundenheit und einen fruchtbaren Gedankenaustausch. Noch eine Empfehlung: Führen Sie nicht zu viele Gespräche mit verschiedenen Menschen dicht nacheinander, das könnte sonst durch all das, was damit angestoßen wird, zu Reizüberflutung führen.

Mit meinen engsten Vertrauten wie meinem Mann, meiner Schwester und meinen besten Freunden spreche ich offen über meine Hochsensibilität und habe damit gute Erfahrungen gemacht. Zum Großteil erlebe ich Verständnis. Zum Teil auch Interesse, da das Thema für die anderen fern vom eigenen Erleben liegt. (Evi)

Den engsten Freundinnen habe ich von der Hochsensibilität erzählt. Im Bekanntenkreis erzähle ich nur davon, wenn ich damit nicht nachvollziehbare Verhaltensweisen (z. B. schnelles Ermüden auf einer Party) verständlich machen kann. Dabei achte ich sehr darauf, ob es Personen sind, die grundsätzlich offen sind für solche Themen. (Stefanie)

> Ich habe mit wenigen Menschen über meine HS gesprochen: meinem Partner, meiner Tochter, einer Freundin und gleichzeitig Kollegin und einem Freund. Als ich die HS bei mir entdeckte, war ich vorübergehend noch in einigen Internet-Foren und Facebook-Gruppen aktiv. (Bea)

Wagen Sie auch mal was!

Das Thema Hochsensibilität anzusprechen kann zu bereichernden Gesprächen und zu einer Vertiefung von Beziehungen führen.

> Im Rahmen einer beruflichen Weiterbildung sprach mich eine andere Teilnehmerin in einem Zweiergespräch darauf an, dass sie mich als HSP wahrnehmen würde. Ihr war das Phänomen aus dem Familienkontext sehr vertraut. Es folgten sehr intensive und achtsame Gespräche mit dieser (selbst nicht hochsensiblen) Frau, an die ich mich gerne erinnere.
>
> Ich selbst scheue das Gespräch mit Nicht-HSP über meine Hochsensibilität außerhalb meiner Partnerschaft. Die Angst, verletzt zu werden, schwingt immer mit. Ich denke aber, dass es grundsätzlich sehr wichtig ist, auch mit Menschen darüber zu sprechen, die nicht genauso „ticken". Vielleicht finde ich den Mut, mit ein oder zwei Menschen, die vermutlich nicht hochsensibel sind, einmal über das Thema zu sprechen. Es sollten Menschen sein, die ich grundsätzlich als offen, interessiert und wertschätzend kenne, die zuhören können, ohne immer sofort ihre eigene Meinung oder Diagnose zu äußern, und die Unterschiedlichkeit gut aushalten können. (Heike)

Erklären Sie wesentliche Unterschiede!

Im Freundeskreis ist der Hinweis auf die unterschiedlichen Wohlfühlbereiche von HSP und Nicht-HSP ein wichtiger Punkt. Machen Sie deutlich, dass Sie viel eher als andere in den Bereich der nervlichen Übererregung kommen und dass für Sie der Ausstieg aus einer überreizenden Situation bzw. die Vermeidung einer vorhersehbaren nervlichen Überlastung ein rettendes, selbstfürsorgliches Handeln darstellt. Wenn Ihre Freunde das wissen, können sie erkennen, dass es keine generelle Ungeselligkeit und kein Desinteresse ist, wenn Sie sich aus einem gemeinschaftlichen Tun ausklinken, manches gar nicht erst mitmachen. Niemand wird wollen, dass Sie sich überstrapazieren und anderen zuliebe Leid auf sich nehmen.

> Ich habe mit meinen besten Freunden ausführlich über Hochsensibilität gesprochen und es ist immer mal wieder Thema. Das Verständnis ist besser geworden und es ist noch mehr Nähe entstanden. Ich habe das Gefühl, bei diesen Freunden so sein zu dürfen, wie ich bin, ohne mich verstellen zu müssen oder so zu tun, als wäre ich wie alle anderen. Manchmal sind meine Freunde enttäuscht, wenn ich Einladungen nicht annehmen kann, wenn sie mir zu viel sind. Zu spüren, dass sie enttäuscht sind, ist für mich hart ... Da hilft nur drüber reden und akzeptieren, dass ich meinen Freunden nicht alles recht machen kann. (Rike)

> Meinen guten Freunden habe ich von der Hochsensibilität erzählt. Sie haben sehr interessiert und verständnisvoll reagiert. Ich glaube schon, dass sich dadurch das gegenseitige Verständnis gebessert hat. Vor allem auch, weil ich mich selbst besser verstehen kann und nicht mehr denke, dass mit mir etwas nicht stimmt. Ich bin wesentlich selbstbewusster geworden und gehe liebevoller mit mir selbst um. Das spiegeln mir auch meine Freunde. (Svenja)

Werden Sie sich klar über Ihre Motivation!

Gehen Sie in die Selbstklärung: Welche Absicht verbinden Sie mit der Mitteilung über Ihre Hochsensibilität? Was wollen Sie erreichen? Was genau wünschen Sie sich von der anderen Person? Es ist nämlich erfahrungsgemäß sehr hilfreich für eine gelingende Kommunikation, wenn Sie die konkrete Bitte (Achtung: nicht Forderung!), die Sie an Ihr Gegenüber haben, ebenfalls zum Ausdruck bringen. Liefern Sie diese Information nicht mit, wird Ihr Gesprächsgegenüber über Ihre Erwartungen unweigerlich Vermutungen anstellen (z. B., dass fortan jederzeit Rücksicht erwartet wird) und auf der Basis von Mutmaßungen reagieren (entsprechend abwehrend).

Finden Sie den passenden Zeitpunkt!

Ob Sie Verständnis und Unterstützung von anderen bekommen, so wie Sie es sich erhoffen, hängt unter anderem vom Timing ab. Hat derjenige, dem Sie sich mitteilen wollen, gerade Zeit und Ruhe, Ihnen Gehör zu schenken? Herrscht eine entspannte Gesprächsatmosphäre? Sind Sie selbst einigermaßen gelassen? Sind Sie sich selbst schon im Klaren darüber, was genau Sie bezwecken?

Finden Sie die stimmigen Worte!

Entscheidend für die Wirkung Ihrer Mitteilung ist, welche Informationen Sie geben und welche Formulierungen Sie wählen. Zum Beispiel klingt es ungleich dramatischer, von „Segen und Fluch" zu sprechen als von „Vor- und Nachteilen". So wie Sie sich selbst begreifen, so werden Sie die Hochsensibilität darstellen. Je selbstverständlicher Sie sich selbst in Ihrem Sosein – mit allen Licht- und Schattenseiten – akzeptieren, desto wahrscheinlicher tun dies auch die Menschen in Ihrem Umfeld. Schon aus diesem Grund ist es empfehlenswert, sich zunächst eingehend mit dem Selbstverständnis und der Selbstannahme zu beschäftigen.

Bleiben Sie neutral in Ihrer Darstellung des Phänomens, erwähnen Sie Stärken und Schwächen. Stellen Sie die Begabungen nicht übertrieben dar (z. B. „HSP verfügen über Superkräfte", „HSP spüren einfach alles"), damit würden Sie logischerweise Skepsis provozieren.

Achten Sie darauf, freundlich und friedlich zu bleiben. Fangen Sie nicht an, den anderen zu beschuldigen und ihm ein Sündenregister vorzuhalten. Umgekehrt gibt es für Sie keinen Grund, sich zu rechtfertigen. Es geht ums Erklären, vielleicht auch um Konfliktklärung, vor dem Hintergrund der neuen Erkenntnis. Finden Sie die passende Länge Ihrer Ausführungen (Achtung: HSP neigen zu Weitschweifigkeit!). Verteilen Sie das, was es zu sagen gibt, über mehrere Gespräche. Versuchen Sie nicht, ein Verstandenwerden zu erzwingen. Geben Sie Ihrem Gegenüber Zeit, geben Sie Gelegenheit für Rückfragen. Bedanken Sie sich fürs Gespräch!

> *Insgesamt achte ich bei solchen Gesprächen darauf, relativ nüchtern Aspekte meiner Hochsensibilität zu benennen. Ich möchte nicht, dass beim anderen der Eindruck entsteht, dass ich Mitleid erhaschen möchte. (Evi)*

> *Ich finde, man muss aufpassen, dass die anderen nicht denken, man will sagen, sie seien unsensibel. (Rike)*

> *Hilfreich für Gespräche über die eigene Hochsensibilität könnte m. E. sein, dass es sich dabei um ein unveränderbares Grundmuster handelt, für das wir nichts können, und nicht um eine Art eingebildete Überempfindlichkeit! (Katinka)*

> Für mich ist es ein wichtiger Prozess, mir deutlich zu machen, dass es mir weh tut, nicht verstanden zu werden, und mir gleichzeitig einzugestehen, dass ich mein Gegenüber eben oft auch nicht verstehe, und wegzukommen von der Schuldfrage und den Schuldzuweisungen. (Heike)

Seien Sie zurückhaltend im beruflichen Umfeld!

Im beruflichen Kontext rate ich Ihnen, sich sehr gut zu überlegen, wem Sie was sagen. Vielfach brauchen Sie noch nicht einmal den Terminus „Hochsensibilität". Denn es könnte vorgefasste Meinungen diesbezüglich geben, gegen die Sie unter Umständen nicht ankommen. Wenn Sie das befürchten, sprechen Sie lieber nur konkret an, was Ihr Wohlbefinden und Ihre Leistungsfähigkeit beeinträchtigt, was Sie brauchen und worum Sie die anderen bitten (z. B. das Radio abzuschalten oder die Bürotür zum Gang zu schließen), um dann über Lösungsmöglichkeiten zu beraten.

> Im Arbeitsumfeld rede ich nicht über meine Hochsensibilität. Ich muss gestehen, dass ich mir hier ab und zu schon mal eine Notlüge einfallen lasse, wie z. B. dass ich schon etwas vorhabe oder ich gesundheitlich angeschlagen bin und deswegen einen Termin nicht wahrnehmen kann. (Svenja)

Nur im Einzelfall kann beurteilt werden, ob ein allgemeines „Coming-out" („Ich gehöre zur Gruppe der hochsensiblen Menschen") vorteilhaft ist oder ob doch eher nur sehr selektiv eine entsprechende Erklärung gegenüber bestimmten Kollegen und Vorgesetzten ratsam ist.

> Einige meiner Kolleginnen sind auch sehr gute Freundinnen, die wissen von meiner Hochsensibilität. Davon abgesehen thematisiere ich das ansonsten im beruflichen Bereich prinzipiell nicht. Ich schaue vielmehr, wie ich durch meine Selbstorganisation Konfliktpotenzial meide bzw. Überforderungssituationen vorbeuge. (Evi)

Sollten Sie Vorgesetzten von Ihrer Hochsensibilität erzählen, empfiehlt es sich, den Belastungen und Einschränkungen, die mit der Hochsensibilität einhergehen, die Begabungen und Befähigungen gegenüberzustellen und diese zu betonen. Und dann auf Rahmenbedingungen zu sprechen zu kommen, die es Ihnen ermöglichen, das hochsensible Potenzial noch besser auszuschöpfen.

Hegen Sie keine zu hohen Erwartungen!

Überbewerten Sie das Verstandenwerden nicht, fokussieren Sie eher auf Interesse, Achtung und Respekt. Bleiben Sie realistisch. Erwarten Sie keine vorauseilende Rücksichtnahme und Fürsorge. Sie selbst haben die Aufgabe und die Verantwortung, für sich zu sorgen, auf sich aufzupassen, auf das aufmerksam zu machen und für das einzutreten, was Sie brauchen, und das entschlossen abzuwenden, was Ihnen schadet. Und dazu sind Sie auch, von Ausnahmesituationen einmal abgesehen, in der Lage. Also gibt es keinen Grund, anderen die Verantwortung zu übertragen. Und auch das sollten Sie akzeptieren: Selbst nach noch so vielen Gesprächen kann vieles übrig bleiben, mit dem Sie einfach irgendwie zurechtkommen müssen.

> *Manchmal spüre ich beim Gegenüber die Begrenztheit im Nachvollziehen und Berücksichtigen. Zum Beispiel spricht die Person weiterhin extrem laut, obwohl ich signalisiert habe, dass mich die Lautstärke anstrengt. (Evi)*

Stimmen Sie relativierend zu!

Sicherlich hören Sie des Öfteren Kommentare wie z. B. „Du bist viel zu empfindlich", „Du bist so was von dünnhäutig", „Du bist so schwierig", „Du denkst zu viel nach", „Du nimmst dir alles viel zu sehr zu Herzen" oder „Du überreagierst". Sie könnten die Liste vermutlich fortsetzen. Statt sogleich vehement zu widersprechen, könnten Sie kurz innehalten und bedingt zustimmen. Damit nehmen Sie dem anderen den Wind aus den Segeln und stehen zugleich zu sich. Entscheidend sind die kleinen Umformulierungen. Zum Beispiel das Wörtchen „zu" durch „sehr" ersetzen. Und dann vielleicht noch etwas Konstruktives hinzufügen. Ich gebe ein paar Beispiele, damit Sie sehen, was ich meine: „Ja, ich bin tatsächlich sehr empfindlich, was Geräusche / Zugluft / Sonnenlicht angeht. Deshalb ist meine Bitte, dass wir die Musik ausmachen / das Fenster schließen / in den Schatten gehen", „Es stimmt, ich bin sehr verletzlich. Deine Worte haben mich getroffen. Magst du mir sagen, wie du es genau gemeint hast?", „Sicher ist es mit mir nicht immer einfach. Was denkst du: Wie können wir zu einer guten Lösung kommen?", "Ja, das ist meine Art. Ich mache mir viele Gedanken. Und ich würde mich gerne mit dir über das Thema XY austauschen", "Du hast recht, ich habe sehr intensive Gefühle. Das Geschehene geht mir sehr nahe", "Ja, ich bin gerade sehr aufgewühlt und aufgebracht. Ich gehe eine Weile nach draußen. Wenn ich mich beruhigt habe, komme ich wieder. Dann können wir noch mal miteinander reden". Ich weiß, das sind Ideale. Und selbstverständlich wird es Ihnen nicht immer so vorbildlich gelingen. (Mir auch nicht!) Aber in die Richtung könnte es gehen.

Bieten Sie ein passendes Buch zur Lektüre an!

Geben Sie anderen eher kein Buch zum Lesen, dass für HSP selbst geschrieben ist. Meiner Erfahrung nach wird das sehr schnell aus der Hand gelegt. Der Blickwinkel passt nicht. Aus diesem Gedanken heraus, habe ich extra ein Buch geschrieben, das sich speziell an die Menschen im unmittelbaren Umfeld von HSP richtet und auch deren Schwierigkeiten im Umgang mit einer HSP anerkennt. Ein Buch, das helfen kann, wechselseitig das Verständnis zu erhöhen und Brücken zu bauen: *Hochsensible Mitmenschen besser verstehen – Unterstützung für Partner, Familienangehörige, Freunde, Kollegen und Vorgesetzte* (2018b).

> **IMPULS: Erklären Sie sich!**
>
> Indem HSP mit den Menschen, die ihnen wichtig sind, über ihre Hochsensibilität sprechen und in geeigneter Ausführlichkeit Erklärungen zu dem Phänomen geben, können sie einen fruchtbaren Dialog über die Unterschiedlichkeiten und die daraus resultierenden Schwierigkeiten einleiten. Durch die Aufklärung ist es anderen möglich, hochsensible Verhaltensweisen und Reaktionen als Teil der veranlagungsbedingten Wesensart zu begreifen. Berichten HSP vorwurfsfrei von ihrer Erlebnisweise und ihren Empfindungen, benennen sie konkret ihre Bedürfnisse und ihre Bitten, erhöht sich die Wahrscheinlichkeit, gesehen und gehört zu werden sowie Verständnis, Rücksicht und Entgegenkommen zu erfahren. Im Miteinander wird es leichter, Probleme einzuordnen und gute Lösungen zu finden.

6. | Sich vor Übererregung schützen

„Vorbeugen ist besser als Heilen."

Wilhelm Hufeland (1762–1836)

Hochsensible Menschen sind über alle Sinneskanäle reizoffener als die Mehrheit der Menschen und damit irritierbarer, störanfälliger und eher reizüberflutet. In einer wuseligen, hektischen, lauten Umgebung, im längeren Zusammensein mit mehreren oder gar vielen Menschen bei Veranstaltungen, Meetings oder privaten Treffen, in gefühlsgeladenen Situationen, unter Zeit- und Leistungsdruck geraten HSP deutlich schneller in Stress als Nicht-HSP. Die Frage „Wie kann ich gut mit Hochsensibilität leben?" betrifft in weiten Teilen den bewussten und besonnenen Umgang mit der nervlichen Übererregbarkeit. Hier geht es zunächst um die Aspekte der Vorbeugung. Zur „Akut-Hilfe bei Übererregung" lesen Sie bitte Kapitel 7.

Für HSP ist es eine immerwährende Aufgabe, sich vor Reizüberflutung zu schützen sowie ein kluges Selbstmanagement zu betreiben. Das heißt, dafür zu sorgen, dass sie sich überwiegend im Bereich einer gut verträglichen Menge an Stimulation bewegen und im Falle einer Überstimulation (die immer mal wieder vorkommen wird) möglichst bald wieder in den grünen Bereich zurückkehren.

Um geeignete Vorsorge treffen zu können, ist wichtig zu wissen: Reize, die zu Überstimulation führen, können sowohl starke Reize sein, auch wenn sie nur relativ kurz andauern, als auch schwächere Dauerreize. Es sind Reize, die von außen wie von innen kommen, das heißt, Sinnesreize oder Stimuli, die durch Körperempfindungen, Gedanken und Emotionen entstehen. Jeder soziale Kontakt ist mit einem Bündel an Eindrücken verbunden. Jede Aufgabe, vor der man steht, wirkt als stimulierender Reiz. Hinzu kommt: HSP haben typischerweise extrem hohe Ansprüche an sich selbst, die bis zum Perfektionismus reichen. Auch das verursacht Stress.

Überreizung droht letztlich durch das, was in Summe zusammenkommt, von morgens bis abends, im Laufe der Woche, im privaten und im beruflichen Bereich. Besonders leicht schaukelt sich die Erregung hoch, wenn wir uns widrigen Umständen ausgesetzt sehen, uns anstehenden Aufgaben nicht gewachsen fühlen, wenn Konflikte, in die wir verwickelt sind, unlösbar erscheinen.

Im öffentlichen Raum sind wir vielerorts einer unglaublichen Reizfülle ausgesetzt, werden überschwemmt von unzähligen Eindrücken. Wir begegnen unterwegs zahllosen Menschen, kommen ihnen ungewollt nahe, nehmen sie und das, was sie tun, mit allen Sinnen wahr, was oftmals keine Freude darstellt. Desgleichen in der Arbeitswelt. Es ist häufig äußerst schwierig, sich ohne Ablenkung auf eine Sache zu konzentrieren, abgeschirmte Rückzugsorte zu finden, um wieder zur Ruhe und zur Besinnung zu kommen.

In der Toleranz von Reizen spielt es übrigens eine erhebliche Rolle, ob eine Reizquelle als angenehm oder unangenehm eingestuft wird, ob sie selbst gewählt oder auferlegt ist, ob sie der eigenen Kontrolle unterliegt oder nicht (so nerven zum Beispiel Geräusche, die wir selbst verursachen, weitaus weniger). Zudem ist der Bereich des Wohlfühlens und der Leistungsfähigkeit stark abhängig von der aktuellen physischen und psychischen Verfassung. Er ist größer, wenn wir gesund, ausgeschlafen und guter Dinge sind, und merklich kleiner, wenn wir gesundheitlich angeschlagen, müde und schlecht gestimmt sind.

Ein Phänomen der neuen Zeit: Das Smartphone haben wir auf Schritt und Tritt bei uns. Es versorgt uns permanent mit Informationen und Unterhaltung, persönliche Nachrichten erreichen uns jederzeit und überall, es sei denn, wir handhaben es anders. Was wir erfahren, ist vielleicht erfreulich, vielleicht aber auch ärgerlich oder beunruhigend. Ob unterwegs oder zu

Hause: Die Medien liefern uns auf den verschiedenen Bildschirmen unentwegt eine Flut von (Bewegt-)Bildern, Berichten, bereichernd und bildend, oft aber auch erschreckend und bedrückend. Im Grunde droht das Umschlagen der Stimmung in jedem Moment. Die sozialen Netzwerke halten viele Möglichkeiten bereit, Bilder, Videos und Texte zu konsumieren, da und dort mitzumachen und mit vielen Menschen in Kontakt zu sein. Anregend. Interessant. Spannend. Und: reizerfüllt! Daher unbedingt mit Vorsicht zu genießen.

Dies sei hinzugefügt: Auch Dinge, die Spaß machen und eine willkommene Abwechslung bieten, sind insofern potenziell stressig, als sie mit einer Menge an einströmenden Reizen verbunden sind. Ein vollgepackter Terminkalender bleibt überfordernd, auch wenn Termine dabei sind, die eigentlich nach Entspannung aussehen wie Kino oder Yoga. Am Ende ist dann Freizeit keine wirklich „freie Zeit" und spendet daher womöglich nicht die erhoffte und benötigte Erholung. Der Punkt ist: In aller Regel brauchen HSP – und das gilt auch für extrovertierte und unternehmungslustige unter ihnen – reichlich Pausen, Erholungsphasen und Zeiten für sich allein, um nervliche Übererregung zu vermeiden.

Ich bin leicht gereizt von Geräuschen, das kann der sprichwörtliche tropfende Wasserhahn sein, der unterschwellig meine Nerven reizt. Aber auch lärmende Kinder, handwerkende Nachbarn usw. stören mich stark in meiner Konzentration. Das verstärkt sich noch, wenn der Nachbar in der Mittagsruhezeit die Löcher in die Wand bohrt. Dann verdoppelt sich meine Wahrnehmung geradezu wegen des Gefühls, dass andere rücksichtslos sind und sich nicht an simple Hausregeln halten.

Große Menschenmengen, wenn viel durcheinander gesprochen wird, schrille Stimmen usw. sind auch schwierig für mich. Manchmal bin ich von all den Geräuschen um mich herum so gereizt, dass ich mir nichts sehnlicher wünsche als einfach Stille.

Um mich vor Reizüberflutung zu schützen, meide ich Situationen, die zu aufreibend für mich sind. Gegen den Alltagslärm habe ich inzwischen ein ganzes Sammelsurium an Ohrstöpseln. Außerdem versuche ich, den Stress, den ich durch Reizüberflutung erfahre, ganz bewusst wieder auszugleichen. Am besten gelingt mir das bei einem langen Spaziergang in der Natur oder wenn ich eine Zeit lang am Bach sitze und dem ruhigen Fließen des Wassers lausche. (Daniela)

Was für Sie hilfreich sein kann

„Allzu viel ist ungesund."
Deutsches Sprichwort

Etablieren Sie Gewohnheiten, die Ihnen guttun!

Bauen Sie Widerstandskraft auf, indem Sie regelmäßig Dinge tun, die Ihrem Körper guttun, Ihren Geist erfrischen und Ihre Seele beruhigen. Das kann Ihnen einen gewissen Schutz bieten, wenn es mal hektisch wird. Pflegen Sie angenehme Rituale wie die morgendliche Tasse Tee oder Kaffee an Ihrem Lieblingsplatz. Ernähren Sie sich bewusst und gesund, dabei so, dass Sie auch Freude am Essen haben. Ganz wichtig für die Nerven: Trinken Sie genug (Wasser, Tee …). Machen Sie es zur Routine, sich ausreichend zu bewegen, gegebenenfalls Sport zu treiben, raus an die frische Luft zu gehen. Alle HSP, die ich kenne, berichten, dass sie den Aufenthalt in der Natur als besonders erholsam und stärkend erleben (Spaziergänge, Gärtnern …). Praktizieren Sie Achtsamkeitsübungen, bauen Sie, wenn Sie das mögen, Meditation in Ihren Tagesablauf ein. Gehen Sie Ihren Hobbys nach, genießen Sie das Zusammensein mit Menschen, die Sie mögen. Sorgen Sie für ausreichend erholsamen Schlaf. Geben Sie Ihren Tagen und Wochen so viel Fixpunkte und Struktur, wie Sie es angenehm finden. Lassen Sie andererseits auch Raum für Flexibilität. (Zu viel Routine ist auch nichts!).

Identifizieren und verringern Sie Schwächendes!

Schauen Sie sich genau an, was Sie in sich aufnehmen und an sich heran lassen. Essen Sie nicht zu viel Fett, Weißmehl und Zucker (ein hoher Zuckerkonsum hat einen negativen Einfluss auf das Gehirn). Vermeiden Sie, so gut es geht, Umweltschadstoffe in der Nahrung, der Wohnung, der Kleidung. Konsumieren Sie Medien sehr selektiv. Und gönnen Sie sich Zeiten, in denen Sie Ihr Handy lautlos stellen oder es ganz abstellen und dem Internet fernbleiben. Schauen Sie keine grausamen, beängstigenden Filme. Halten Sie sich möglichst konsequent von Menschen fern, die durchweg eine belastende Wirkung auf Sie haben.

Gestalten Sie Ihre Umgebung reizarm!

Nehmen Sie maximal möglichen Einfluss auf Ihre unmittelbare Umgebung, am Arbeitsplatz und zu Hause. Grundlegend sind die Wahl des Arbeitsplatzes (z. B. besser kein Großraumbüro) und die Wahl der Wohnung (z. B. besser nicht an einer stark befahrenen Straße gelegen). Bei der Arbeit: Bemühen Sie sich um Störungsfreiheit, speziell bei Arbeiten, die Konzentration erfordern (vielleicht können Sie sich dafür in einen Besprechungsraum zurückziehen). Zu Hause: Der Einrichtungstrend des Minimalismus scheint mir wie geschaffen zu sein für HSP. Bedenken Sie, dass alles, was Sie umgibt, ständig auf Sie einwirkt. Stressfaktoren: jede Unordnung, jede Unübersichtlichkeit, jedes vollgepackte Regal, jeder eigentlich ungeliebte Gegenstand. Wohlfühlfaktoren: eine harmonische, aufgeräumte, gemütliche Wohnumgebung. Schaffen Sie sich einen Rückzugsort ganz nach Ihrem Geschmack zum Entspannen – mit ausgewählten, Freude schenkenden Lieblingsgegenständen.

Halten Sie Pausen ein!

Widerstehen Sie der Versuchung, die Mittagspause ausfallen zu lassen oder einen Snack am Arbeitsplatz nebenbei zu sich zu nehmen. Sie brauchen Pausen und Auszeiten, egal, welche Tätigkeit Sie ausüben. Ein Ortswechsel ist dabei günstig. In den Pausen können Sie sich ein Stück weit wieder regenerieren, insbesondere wenn Sie sie nutzen, um sich etwas zu bewegen, bevorzugt draußen im Grünen. Eher nicht mit den Kolleg:innen in die Kantine, zumindest nicht an jedem Tag. Planen Sie nach einem Tag voller Termine einen Tag mit wenigen Terminen ein. Das wirkt schon im Voraus beruhigend.

Verplanen Sie nicht all Ihre Zeit!

> *„Und dann muss man ja auch noch Zeit haben,*
> *einfach da zu sitzen und vor sich hin zu schauen."*
>
> Astrid Lindgren (1907–2002)

Dünnen Sie Ihr Tages- und Wochenprogramm aus. Auch wenn viel zu tun ist, geben Sie sich Pufferzeiten. Wenn die fehlen, kommen Sie schnell in Bedrängnis. Bedenken Sie, dass im Laufe des Tages immer noch Unvorhergesehenes auf Sie zukommt und erledigt sein will. Mal ganz abgesehen von dem Bedürfnis, zwischendurch Luft zu holen. Sehen Sie im Kalender je nach Lebensumständen kleinere und/oder größere Auszeiten vor, in denen Sie Zeit ganz für sich haben („Me Time"). Gänzlich unverplante Zeit hat eine besonders entspannende Wirkung. Das sind Freiräume, die Sie spontan für dies oder das nutzen, je nachdem, wonach Ihnen ist. Wahrscheinlich haben Sie schon die Erfahrung gemacht, dass sich in solchen Mußezeiten neue, kreative Ideen einstellen.

Schätzen Sie realistisch ein, was Sie schaffen können!
Kennen Sie das, dass Sie immer wieder feststellen, dass Sie für eine Aufgabe länger brauchen, als Sie dachten? Und dass Sie dann in Stress geraten? Sie könnten von sich enttäuscht sein und sich noch mehr antreiben oder aber erkennen, dass Ihre vorherige Einschätzung einfach unrealistisch war und für die Zukunft korrigiert werden sollte. Ein Beispiel sind Autofahrten, bei denen man vielen Unwägbarkeiten ausgesetzt ist. Wie viel entspannter ist es, wenn man frühzeitig losfährt und sich gegebenenfalls am Zielort bis zum Termin noch etwas die Beine vertritt. Eine Teilnehmerin im Gesprächskreis erzählte, dass sie es sich zur Gewohnheit gemacht habe, eine halbe Stunde früher mit der Zubereitung des Mittagessens zu beginnen und ohne den Zeitdruck in geradezu meditativer Weise das Gemüse putzt und klein schneidet.

Stellen Sie sich auf das ein, was auf Sie zukommt!
Bereiten Sie sich auf bevorstehende herausfordernde Situationen und Unternehmungen mental und praktisch vor. Vielleicht visualisieren Sie die Szene vorab und überlegen, wie Sie sich „wappnen" können. Machen Sie sich z. B. bei einer Präsentation schon vorab mit den räumlichen Gegebenheiten vertraut und schauen Sie vor Ort, was sie brauchen, um sich sicherer zu fühlen. Treffen Sie Vorsorge, indem Sie z. B. für eine Bahnfahrt Ohrstöpsel oder Kopfhörer, etwas zu essen und zu trinken mitnehmen, vielleicht eine spannende Lektüre, die Ihre Aufmerksamkeit gefangen hält. Ich weiß von vielen HSP, dass sie immer mit einem Rucksack voller Utensilien für verschiedenste Anwendungsfälle unterwegs sind und dass sie das als Beruhigung empfinden.

Schrauben Sie den Perfektionismus runter!

Tendieren Sie auch dazu, perfektionistisch zu sein? Dann bedenken Sie: So sehr Sie sich auch bemühen, es kann trotzdem immer wieder vorkommen, dass Sie selbst mit sich unzufrieden sind oder dass Sie von jemandem kritisiert werden und die erhoffte Bestätigung ausbleibt. Dies liegt mindestens so viel am Gegenüber wie an Ihnen. Arbeiten Sie an Ihrer Einstellung gegenüber Fehlern: Irren ist menschlich, Fehler gehören zum Leben, niemand ist perfekt, jeder macht Fehler, Fehler sind Lernchancen. Seien Sie menschlich! Haben Sie den Mut zur Lücke, Mut zu Fehlern, Mut zur Unvollkommenheit. Den Perfektionismus abzubauen wird sich zunächst „verkehrt" anfühlen, mit der Zeit jedoch erstaunlich gut gehen und guttun.

Finden Sie das richtige Maß an Geselligkeit!

Dosieren Sie das Zusammensein mit anderen Menschen entsprechend Ihren Bedürfnissen. Betriebsausflüge, Familienfeiern, Feste und Partys sind für die meisten HSP, die ich kenne, die Härte schlechthin. Nehmen Sie nicht jede Einladung an, setzen Sie Prioritäten. Gehen Sie bei Zu- oder Absage auch danach, in welcher Gesellschaft Sie sich wohl fühlen. Begegnungen mit Menschen, mit denen Sie ein angespanntes Verhältnis haben, bereiten naturgemäß mehr Stress. Suchen Sie zudem nach gangbaren Lösungen, um weniger lang der Reizfülle ausgesetzt zu sein (später hingehen, früher nach Hause gehen, sich zwischendurch zurückziehen, vielleicht einen Spaziergang machen, mit dem Hund Gassi gehen …). Auch schon Treffen in einer kleinen Gruppe oder zu zweit können anstrengend werden, wenn sie sich über viele Stunden hinziehen. Eine junge hochsensible Frau, die einmal bei mir im Coaching war, sagte, sie habe herausgefunden, dass drei Stunden für sie die kritische Grenze sei, selbst wenn sie die Leute möge. Seien Sie zurückhaltend mit Verabredungen an Abenden, an denen Sie im Beruf schon von früh bis spät viel mit Menschen zu tun hatten, erst recht an mehreren Tagen hintereinander. Wenn möglich, schlagen Sie Treffen in einer reizarmen Umgebung vor (das ist dann eher nicht die volle Kneipe).

Reduzieren Sie Ihre Pflichten!

Wenn Sie einmal Bestandsaufnahme machen: Wie lang ist die Liste Ihrer Verpflichtungen (Funktionen und Arbeitsaufgaben im Beruf und im Privatleben, Posten in Vereinen, Ehrenämter …)? Sind Sie nach wie vor mit allem einig? Ist da mit der Zeit immer mehr dazu gekommen? Sind bestimmte To-dos vielleicht einfach so bei Ihnen hängen geblieben? Bleibt Ihnen noch Kraft übrig für das, was Ihnen wirklich am Herzen liegt? Um sich vor Überlastung zu schützen, ist es bei einer langen Liste dringend zu empfehlen, die Zahl der übernommenen Pflichten zu reduzieren, Zusagen zurückzunehmen, Aufgaben anders zu verteilen. Dadurch wird es möglich, dass Sie die verbleibenden Aufgaben mit Freude und Hingabe tun – und falls das zu hoch gegriffen ist, zumindest mit innerer Zustimmung. Nehmen Sie Ihren Mut zusammen und sprechen Sie mit den Menschen, die es angeht, treffen Sie neue Vereinbarungen. Machen Sie sich nicht unnötig abhängig vom Einverständnis Ihres Gegenübers (das werden Sie in vielen Fällen nicht so ohne Weiteres bekommen). Nehmen Sie es auch in Kauf, andere womöglich zu enttäuschen. Wenn Entscheidungen gefallen sind, teilen Sie entschlossen und dennoch freundlich mit, wovon Sie sich zurückziehen werden. Sicherlich bleiben Sie weiterhin sozial eingestellt und engagiert. Vielleicht können Sie ja kooperativ sein, wenn es um das Finden neuer Lösungen geht – Lösungen, die Sie weniger als zuvor einbinden.

Hören Sie auf, sich mit anderen zu vergleichen!

„Das Vergleichen ist das Ende des Glücks und der Anfang der Unzufriedenheit."
Søren Kierkegaard (1813 – 1855)

Jeder Mensch ist einzigartig, hat seine individuellen Stärken und Schwächen. Schauen Sie nicht einseitig darauf, was andere im Gegensatz zu Ihnen (zumindest dem Anschein nach) locker bewältigen (Vollzeitbeschäftigung, hohes Arbeitspensum, häufige Überstunden, andauernden Umgebungslärm, Familienausflüge in den Freizeitpark, volles Wochenendprogramm usw. usw.). Der Vergleich bringt nichts außer Frust. Widerstehen Sie der Versuchung, überall mithalten und dasselbe tun zu wollen wie andere. Erlauben Sie sich, so zu sein, wie SIE sind, und das zu tun und zu lassen, was für SIE richtig ist. Nehmen Sie auf IHRE Weise am Leben teil, legen Sie den Fokus darauf, Ihre Stärken einzusetzen, und berücksichtigen Sie so weit wie möglich die mit der Hochsensibilität verbundenen Begrenzungen.

Bemühen Sie sich um eine Grundgelassenheit!

„Gelassenheit nimmt das Leben ernst, aber nicht schwer."

Ernst Reinhardt (*1932)

Um Ihrer Lebenszufriedenheit willen: Schließen Sie Frieden mit Ihrer Hochsensibilität. Nehmen Sie auch die herausfordernden Seiten dieser Wesensart, allem voran die leichte Erregbarkeit, ohne Wenn und Aber an. Streben Sie eine wohlwollende Geisteshaltung an, sich selbst und anderen gegenüber.

IMPULS: Muten Sie sich nicht zu viel zu!

Eine große Reizflut ist für HSP ein echtes Problem. Durch ihre intensive Wahrnehmung, die starken Gefühle und die sprudelnden Gedanken wird HSP schnell alles zu viel. Es liegt in ihrer Verantwortung, Übererregung auslösende Situationen, Umstände und Lebensgewohnheiten als solche zu identifizieren und von vornherein so gut es geht zu reduzieren, um so einer Reizüberflutung wirkungsvoll vorzubeugen. Am besten geht es ihnen, wenn ihr gesamter Lebensstil ihrer hochsensiblen Wesensart entspricht und sie sich nicht permanent überfordern. Selbstverständlich können auch HSP ein erfülltes Leben führen, nur sollten sie darauf achten, das rechte Maß und die passenden Bedingungen für ihre Aktivitäten zu finden.

7. | Akut-Hilfe bei Überreizung

> „Man sollte von Zeit zu Zeit von sich zurücktreten,
> wie ein Maler von seinem Bilde."
>
> Christian Morgenstern (1871–1914)

HSP sind eher als andere Menschen gestresst von vielen gleichzeitigen und dringenden Anforderungen, eher aus der Ruhe gebracht von schlechten Neuigkeiten und Konflikten und eher übererregt von einer Flut verschiedener Reize. Dass es akut zu viel wird, zeigt sich durch ein diffuses Unbehagen, innere Unruhe, Unkonzentriertheit, Nervosität, Angespanntheit, Verspannungen. Ist man überreizt und überfordert, sind die kognitive Leistungsfähigkeit und die Urteilsfähigkeit eingeschränkt. Außerdem verändert sich das Sozialverhalten, man ist nicht mehr präsent, nicht mehr zugänglich, sondern abwesend und abweisend, humorlos und gereizt. In der nächsten Steigerungsstufe wird man womöglich aggressiv, verliert die Beherrschung und explodiert. Die andere Variante, die nicht minder bedenklich ist, ist eine Implosion, ein Überwechseln in einen Modus des teilnahmslosen Funktionierens.

Für viele HSP ist es gang und gäbe, mit einem relativ hohen Stresspegel zu leben, die Symptome zu übergehen und lange keine Abhilfe zu schaffen. Sie sind so sehr daran gewöhnt, häufig überreizt zu sein. Mit dem Kennenlernen des Konzepts Hochsensibilität wird ihnen klar, dass sich der enge Wohlfühlbereich nicht beliebig ausdehnen lässt, schon gar nicht anhaltend, und dass sie dem Rechnung tragen müssen. Viele von ihnen fangen an, die Not, die ihnen ihr Organismus signalisiert, ernst zu nehmen und sich Maßnahmen zurechtzulegen, die dann helfen können.

In den zahlreichen Gesprächsgruppen, die ich geleitet habe, sind wir immer auch darauf zu sprechen gekommen, wie man aus einer akuten Übererregung herauskommen kann. So habe ich über die Jahre eine Menge Ideen aus der Praxis gesammelt, die in die folgenden Anregungen eingeflossen sind. Jeder hat sein eigenes Repertoire an Selbsthilfemethoden, und doch gibt es eine große Schnittmenge.

Was für Sie hilfreich sein kann

> *„Mag Dir dies und das geschehn, lerne still darüber stehn,*
> *sieh Dir selber schweigend zu, bis das wilde Herz in Ruh."*
>
> Christian Morgenstern (1871–1914)

Gehen Sie aus der Situation heraus!

Verlassen Sie nach Möglichkeit den Ort, an dem Sie in die akute Übererregung geraten sind. Unterbrechen Sie Ihr Tun bzw. den inneren „Film", der da gerade abläuft, indem Sie einen bewussten Cut machen, woanders hingehen, etwas anderes hören und sehen. Ziehen Sie sich vorübergehend zurück. Etwas Zeit für sich allein hilft, um die Übererregung wieder abklingen zu lassen.

Holen Sie erst einmal tief Luft!

Bewusstes Atmen ist ein wirksames Mittel, um Atmung und Herzschlag wieder zu verlangsamen und einen Gedankensturm zu beruhigen. Erlernen Sie in ruhigen Zeiten Atemübungen und machen Sie sich diese im Alltag zur Gewohnheit, damit Sie auch in Stresssituationen darauf zugreifen können. Eine einfache, kleine Atemübung: Setzen Sie sich aufrecht hin. Atmen Sie konzentriert durch die Nase ein, machen Sie eine kurze Atempause und atmen Sie dann ganz langsam durch die Nase wieder aus. Beim Ausatmen sprechen Sie in Gedanken das Wort „Ruhe". Es kommt darauf an, dass das Ausatmen deutlich länger dauert als das Einatmen. Dann folgt wieder eine Atempause, bevor Sie erneut Luft holen. Wiederholen Sie das beliebig oft, bis Sie ruhiger geworden sind.

Trinken Sie ein Glas Wasser!

Wenn man viel zu tun hat, vergisst man oft das Trinken. Holen Sie das nach. Trinken Sie in einer Stresssituation langsam ein großes Glas Wasser leer. Die Gehirnfunktionen hängen direkt von einer ausreichenden Flüssigkeitszufuhr ab. Wasser fördert die Durchblutung des Gehirns, verbessert die Versorgung mit Sauerstoff und Nährstoffen. Zusätzlich wirken die gleichmäßigen Schluckbewegungen beruhigend und entspannend.

Kommunizieren Sie offen und ehrlich!

Vielleicht bekommen die Menschen in Ihrem Umfeld gar nicht mit, wie schlecht es Ihnen im Moment geht. Sagen Sie es, wenn Sie sich heillos überfordert fühlen und wenn etwas für Sie unerträglich wird. Kündigen Sie kurz an, was Sie tun werden (rausgehen oder was auch immer). Sollte es etwas geben, das ein anderer für Sie in dem Moment tun kann, sagen Sie auch das.

Ein hochsensibler Mann erzählte im Gesprächskreis, er habe gelernt, „hemmungslos" um Hilfe zu bitten, wenn er bemerkt, dass sein Stresspegel bedrohlich ansteigt. Alle in der Runde fanden das vorbildlich.

Eine Einschränkung zur spontanen, offenen Mitteilung: Falls ein Ärger in Ihnen hochkocht und Sie nur Beschuldigungen vorbringen würden, kontrollieren Sie den Impuls, hüten Sie Ihre Zunge. Suchen Sie lieber später das Gespräch, wenn Sie wieder ruhiger sind und klarer denken können. Mit heftigen Worten ist schnell Öl ins Feuer gegossen, die Diskussion würde immer hitziger werden und die eigene Aufregung noch weiter steigen.

Bauen Sie Stress über Bewegung ab!

Wenn die Unruhe sehr stark ist, ist es eher ungünstig, sich still hinzusetzen oder hinzulegen. Da hilft Bewegung. Sport ist gut geeignet, um innere Spannungen abzubauen, insbesondere gemäßigte Sportarten wie Schwimmen, Walken und Radfahren. Auch wenig anstrengende Formen von Bewegung leisten gute Dienste: geruhsam etwas Hausarbeit erledigen, zur Lieblingsmusik tanzen, eine Runde nach draußen gehen, im Garten arbeiten usw.

Geben Sie sich einer sinnlichen Erfahrung hin!
Nutzen Sie, was Ihnen kurzfristig zur Verfügung steht. Lassen Sie am Waschbecken Wasser über Ihre Hände und Unterarme laufen. Stellen Sie sich unter die Dusche: Da sind Sie abgeschirmt von Außenreizen, hören das Plätschern des Wassers, spüren das Wasser über den Körper laufen.

Der Mensch ist dem Wasser seit jeher sehr verbunden. Denken Sie an eine Quelle, einen Bach, einen Fluss, einen Wasserfall, einen Teich, einen See, ein Meer, an Regen oder Schnee. Wasser spricht unsere Sinne auf ganz besondere Weise an und wirkt in vielerlei Weise wohltuend: Wasser trinken, am Wasser entlanglaufen, aufs Wasser schauen, dem Wasser zuhören, Wasser auf der Haut spüren, mit den Füßen ins Wasser gehen, im Wasser baden oder schwimmen.

Machen Sie einen Spaziergang in der Natur. Die vielfältigen Natureindrücke in Verbindung mit Bewegung haben eine ausgesprochen beruhigende Wirkung: die idyllische Landschaft, ein Bachlauf, vorüberziehende Wolken, flatternde Schmetterlinge, Vogelgezwitscher, das Rauschen des Windes in den Baumwipfeln, Blütenduft, wärmende Sonnenstrahlen, ein Lufthauch auf der Haut (das war jetzt die Sommerversion).

Genießen Sie leckeres Essen, gönnen Sie sich etwas, was Sie besonders gern mögen. Tauchen Sie ein in ein Kunsterleben: Betrachten Sie Kunst, die Sie als ästhetisch empfinden, hören Sie Musik, die auf Sie eine stimmungsaufhellende Wirkung hat. Spielen Sie selbst ein Instrument.

Probieren Sie es einmal mit starken Sinneswahrnehmungen, um aus einem Strudel schwieriger Gedanken und Gefühlen herauszukommen: laute Musik hören, kaltes Wasser ins Gesicht spritzen, Eiswürfel auf die Haut legen, an einem ätherischen Öl riechen, etwas Scharfes essen.

Widmen Sie sich einem kreativen Hobby!

Während Sie gärtnern, backen, kochen, basteln, töpfern, malen, zeichnen, fotografieren … stehen die Chancen gut, dass Sie so sehr in der Tätigkeit versinken (in den „Flow" kommen), dass Sie abschalten können und wieder zu sich finden. Wichtig für den Einsatz als Soforthilfe ist, dass der Aufwand, sich dem Hobby widmen zu können, gering ist.

Wenden Sie eine bewährte Entspannungsmethode an!

Greifen Sie zurück auf eine Entspannungstechnik, die Sie schon eine Weile regelmäßig praktizieren. Autogenes Training, progressive Muskelentspannung, Atemübungen, Achtsamkeitspraxis, Meditation, Tai-Chi, Qigong und Yoga gehören zu den gängigen Methoden, um Anspannungen zu lösen und insgesamt gelassener zu werden. All diese Techniken wirken anregend auf den Parasympathikus, den Teil des vegetativen Nervensystems, der für Entspannung, Regeneration und den Aufbau von Energiereserven sorgt. Gehen Sie es möglichst locker an! Ein angestrengtes Bemühen, sich schnell und effektiv zu entspannen, würde einen zusätzlichen Stressfaktor bedeuten und somit kontraproduktiv sein.

Geben Sie sich Zeit!

> *„Zeit, die wir uns nehmen,*
> *ist Zeit, die uns etwas gibt."*
>
> Ernst Ferstl (*1955)

So wirksam verschiedene Entspannungsmethoden und Ihre persönlichen Anti-Stress-Maßnahmen auch sein mögen, vergessen Sie bitte nicht den Faktor Zeit. Sie benötigen Zeit, um wieder zur Ruhe zu kommen. Stresszustände sind immer auch mit entsprechenden Hormonausschüttungen im Körper verbunden und der Abbau von Stresshormonen dauert seine Zeit. Währenddessen sollten keine weiteren starken Reize zuströmen. Oft braucht es für den mentalen und emotionalen „Reset" auch einfach einen erholsamen Nachtschlaf. Am nächsten Morgen sieht die Welt dann oft schon wieder anders aus.

IMPULS: Nehmen Sie sich Raum und Zeit für sich!

Gelegentliche Stresssituationen lassen sich nicht vermeiden. Ein Leben, das einen nicht hin und wieder in Überreizungszustände bringen würde, wäre so zurückgezogen und würde in derart ruhigen Bahnen verlaufen, dass es einsam und langweilig wäre. Gut nur, wenn man, sobald es zur Überforderung kommt, auf eine Art Notfallkoffer zugreifen kann, um aus dem akuten Stress möglichst bald wieder herauszukommen. Die wesentlichen Tipps lauten: Innehalten, eine Unterbrechung des Geschehens herbeiführen, inneren und äußeren Abstand einnehmen, sich mit Atmung, Bewegung und Sinneserleben langsam wieder beruhigen, die Wahrnehmung auf etwas Schönes im Außen richten, einer Lieblingsbeschäftigung nachgehen, sich Zeit nehmen.

Hat man die akute Situation gut überstanden, stellt sich unter Umständen die Frage, was man tun kann, damit eine Überreizung nicht zu häufig vorkommt. Was sind die Ursachen von Überreizung, Überforderung und Stress? Welche Veränderungen im Leben sind dringend geboten? In welchen Schritten kann ein Veränderungsprozess ablaufen?

8. | Familienfeiern

„Manches Fest ist ein Gesundheitstest."

Erhard Horst Bellermann (*1937)

Für hochsensible Menschen sind größere Familienfeste und Feiertage mit Familientreffen immer mit Stress verbunden. Da kommt einiges zusammen: Eine Gruppe von Menschen mit Trubel, Stimmengewirr, Lautstärke, also eine große Reizfülle. Dann sind da die mehr oder weniger ausgesprochenen, von HSP stark erspürten Befindlichkeiten und Erwartungen aller Beteiligten, die oft genug nicht übereinstimmen und die sich längst nicht immer erfüllen. Gerade das alljährliche „Fest der Liebe" ist vielfach mit Idealvorstellungen (auch den eigenen!) überfrachtet.

Erschwerend kommt hinzu, dass es ja nicht einfach irgendwelche Menschen sind, die sich da treffen. Die Beziehungen in der Familie sind von zentraler Bedeutung und nicht austauschbar. Einerseits vermitteln sie wohlige Geborgenheit und Rückhalt, wenn es gut läuft, andererseits halten sie Enttäuschungen und Verletzungen bereit, wenn es schlecht läuft. Dabei ist es nicht nur kritisch, wenn sich die HSP selbst im Konflikt mit einer oder mehreren anwesenden Personen befinden, sondern auch, wenn es Spannungen zwischen anderen gibt, denn diese werden von den HSP mit ihren feinen Antennen sofort erspürt. Von offen ausgetragenen Sticheleien oder Streitereien ganz zu schweigen. Für HSP ist Harmonie sehr wichtig und die kann schon durch kleinere Störungen in Gefahr geraten. Wo andere Menschen noch gelassen bleiben, sind Hochsensible schon angespannt.

> *Für mich ist Weihnachten immer schrecklich. Am liebsten würde ich die Zeit überschlafen, geht aber nicht wegen unserer Tochter. In unserer Großfamilie haben wir vor jedem Treffen Zoff ... Jeder will Recht bekommen ... Dieses Jahr ist es wieder zwischen meinen Geschwistern und mir eskaliert. Richtige Aussprachen kommen nicht zustande. Abends sitzen wir dann da zum Singen und Beten ... Wenn wir zusammen sind, reißen wir uns den Kindern gegenüber zusammen, die sich wirklich und ehrlich über die Treffen freuen. Ich denke, der Kern der Sache ist, dass auf mich als HSP jede Kritik verstärkt wirkt und mir mehr weh tut als anderen.* (Marc)

Typischerweise beschäftigen sich HSP gedanklich schon lange vor dem eigentlichen Ereignis intensiv mit den (möglicherweise) problematischen Aspekten und sind daher schon im Vorfeld eines Fests mächtig nervös. Laden HSP zu sich ein (z. B. anlässlich ihres Geburtstags) oder haben sie die Organisation eines Fests übernommen, nehmen sie es genau mit der Planung, dem Zusammenstellen der Gästeliste, der konkreten Vorbereitung (Essen bestellen bzw. einkaufen und zubereiten, aufräumen, putzen, den Raum und den Tisch dekorieren) und der eigentlichen Durchführung. Sie möchten die Interessen aller Beteiligten berücksichtigen, sicherstellen, dass alles wie am Schnürchen läuft und sich alle wohlfühlen. Da baut sich ein großer Druck auf, der ihnen sehr zusetzt. Am Ende sind sie schon erschöpft, bevor die eigentliche Festivität beginnt. Während der Feier haben sie alles im Blick, fühlen sich für alles zuständig, kommen nicht zur Ruhe.

> *In meiner Familie werden Weihnachten, Ostern und Geburtstage gefeiert. Man trifft sich zum Essen und unterhält sich. Die Familientreffen mag ich in der Regel. Ich finde es schön, eine Familie zu haben. Wenn sich alle gut verstehen, genieße ich die Feiern, es sei denn, es geht bis sehr spät am Abend, dann wird es mir zu viel. Als anstrengend empfinde ich Konflikte, selbst wenn ich nichts damit zu tun habe. Wenn die Feier bei mir stattfindet und ich das Gefühl habe, dass sich jemand langweilt, fühle ich mich verantwortlich. Dann versuche ich denjenigen ins Gespräch einzubeziehen oder zu unterhalten. Oft bin ich danach ziemlich erschöpft.* (Svenja)

Gespräche in größerer Runde werden oft über belanglose Gesprächsthemen geführt, bleiben eher oberflächlich und bruchstückhaft, was kaum sonst jemanden stört, HSP aber sehr wohl. In geselliger Runde wird meist gern Alkohol getrunken. HSP, die oft keinen Alkohol mögen, geraten ins Abseits, wenn es feuchtfröhlich wird und sie im Vergleich zu anderen ernst und sachlich bleiben. Werden lautstark Witze gerissen, geht es ihnen gegen den Strich. Im ungünstigen Fall offenbart sich eine Nichtpassung zwischen ihnen und den anderen, die in ein frustrierendes Gefühl von Nicht-Zugehörigkeit mündet.

Was für Sie hilfreich sein kann

Stellen Sie Verpflichtungen auf den Prüfstand!

Natürlich überstehen Sie auch „Pflichtbesuche", zu denen Sie Ja sagen, weil Sie das Gefüge in der Familie bzw. Schwiegerfamilie nicht erschüttern wollen. Muten Sie sich aber nicht zu viel zu. Prüfen Sie gut, welche Besuche Sie wirklich empfangen und machen wollen. Ist eine Absage zugunsten einer Loyalität sich selbst gegenüber unumgänglich? Braucht es eine Grundsatzentscheidung oder genügt es, von Mal zu Mal zu entscheiden? Teilen Sie Ihre Entscheidungen ruhig und bestimmt, aber nicht unfreundlich und feindselig mit. Geben Sie eine kurze Begründung. Sprechen Sie nicht alles aus, was ehrlich wäre. (Ehrlichkeit ist nicht der einzige Wert, der zählt. Auch Taktgefühl und Rücksicht spielen eine Rolle.)

Überlegen Sie, was Ihren Stress mindern könnte!

Erwägen Sie folgende Möglichkeiten: Die Feiertage nicht zu voll packen. Treffen entzerren, indem nicht alle auf einmal zusammenkommen. Ihre Teilnahme von vornherein zeitlich begrenzen, später dazukommen, sich früher verabschieden (vielleicht unabhängig vom Rest Ihrer Kernfamilie). Lassen Sie sich nicht zu längerem Bleiben oder weiteren Aktivitäten überreden, sollte es für Sie nicht passen. Sich ausklinken bei bestimmten Programmpunkten. Sich zwischendurch zurückziehen, eine Pause für sich allein nehmen, eine Weile in ein anderes Zimmer gehen, an die frische Luft gehen, einen Spaziergang machen (mit dem Hund rausgehen?). Bei längeren Besuchen lieber ein Hotelzimmer nehmen, statt auf der Couch zu schlafen (erholsamer Schlaf erhält Ihre Nervenkraft). Sich mit Alkohol und ungewohntem, schwerem Essen zurückhalten. Nach dem / den Feiertag(en) einen ruhigen Tag für sich einplanen.

Im Lauf der Zeit habe ich ein recht gutes Gespür entwickelt, wie viel ich mir zumuten kann. Auch das Absagen einer Feier oder früher nach Hause zu gehen fällt mir mittlerweile leichter. (Svenja)

Gehen Sie mit Bedacht an die Planung eigener Feiern!

Wie groß soll die Feier werden? Wer soll alles eingeladen werden? Wie wollen Sie die Feier gestalten? Beginnen Sie frühzeitig mit der Vorbereitung und nehmen Sie sich dafür ausreichend Zeit. Helfen Ihnen To-do-Listen, die Sie nach und nach abarbeiten? Delegieren Sie Aufgaben! Lassen Sie die Gäste auch etwas beisteuern. Bedenken Sie, dass sich nicht bis ins Letzte alles planen lässt (der menschliche Faktor!).

Bin ich selbst für die Organisation der Feier verantwortlich, so beginne ich sehr frühzeitig mit der Planung, um nicht am Ende in Stress zu geraten. Prinzipiell muss ich mich innerlich immer auf den Trubel einstellen und mir sagen, dass ich danach wieder Ruhe haben kann.

Teilweise werde ich auch positiv überrascht durch nette Gespräche und Begegnungen, sodass ich das Fest auch genieße. Während der Feier ziehe ich mich gerne hin und wieder zurück, z. B. in die Küche. Nach den Zusammenkünften brauche ich in der Regel mehrere Tage, um das Erlebte zu „verdauen". (Evi)

Feiern, die ich selbst organisiere, versuche ich gut vorzubereiten, um nicht in Stress zu geraten. Meistens bringt jeder etwas mit (Kuchen, Salat, Grillgut). Davor und danach nehme ich mir nicht zu viel anderes vor. Zwischendurch baue ich auch mal kleine Pausen ein, z. B. kurz in Ruhe etwas in der Küche erledigen oder auch mal für einige Minuten auf die Toilette. (Svenja)

Überlegen Sie, was das Fest entspannter machen kann!

Lässt sich die Feier nach draußen verlegen, wo mehr Raum ist? Vielleicht kann man es auch in einer Lokalität abhalten, sodass Sie nicht für alles selbst zuständig sind? Wäre es eine Idee, die Gäste nicht auf einen festen Zeitpunkt zu sich einzuladen, sondern auf lockere Weise innerhalb eines gewissen Zeitrahmens? Kommt ein Buffet in Frage, das Sie während der Feier weniger fordert als ein zu servierendes Essen? Geben Sie Zuständigkeiten (z. B. für Getränkenachschub sorgen) an andere ab.

> *Dass Familienfeiern seit der Pandemie vermehrt in kleinerem Rahmen und seltener stattfinden, ist ganz nach meinem Geschmack. Ich mag lieber kleinere Treffen als „Großveranstaltungen". (Evi)*

> *In unserer Familie werden Weihnachten, Geburtstagsfeiern, Geschwistertreffen, Hochzeiten und manchmal Sommerpartys gefeiert. Wenn die Möglichkeit besteht, werden die meisten Feiern im Freien gefeiert. Das sind auch die schönsten Feiern, da sie sehr ungezwungen sind. Es gibt viel Bewegungsraum für alle. Ich feiere nicht so gern in einem Innenraum, da dort alle auf engstem Raum und meist auf festen Plätzen zusammensitzen. Es entsteht ein höherer Geräuschpegel durch die Gespräche, die oft auch parallel laufen. Ich nehme da emotional viel mehr wahr als im Freien. Wenn es längere Familienfeiern sind, gehen wir alle zwischen den Mahlzeiten auch mal zusammen spazieren. Die Bewegung in der Natur entspannt, es ist ruhiger und es lässt sich auch besser reden. (Julika)*

Genießen Sie das Schöne!

Sehen Sie auch das Besondere und Erfreuliche an einem Fest. Solange Anspannung und Entspannung insgesamt in Ihrem Leben in der Balance bleiben, können Ihnen auch anstrengende Feiertage nichts anhaben. Halten Sie sich in der Gästerunde an liebevolle, warmherzige Menschen, die Ruhe und Gelassenheit ausstrahlen. Intensivieren Sie Kontakte, die Sie vielleicht auch außerhalb von Feiern mehr pflegen möchten. Erfreuen Sie sich am leckeren Essen und der festlichen Atmosphäre.

Für mich sind Familienfeste leider eher selten geworden, es dürfte gerne ein bisschen mehr sein ... Ich erlebe das Eingebundensein in eine familiäre Gemeinschaft als sehr wohltuend und fühle mich dabei meist angenommen und geborgen. Sollte es mir doch einmal zu viel werden und ich mich überreizt fühlen, schaffe ich es meistens, mich kurz zurückzuziehen oder auch (alleine) einen kleinen Spaziergang zu machen. Wichtig ist für mich, dies gänzlich unaufgeregt und sehr selbstverständlich anzukündigen, was es ja für mich auch ist. (Katinka)

IMPULS: Balancieren Sie Rückzug und Teilnahme aus!

Familienfeiern halten für HSP eine Reihe von Stressfaktoren bereit: gegebenenfalls die Vorbereitung, die ihren Perfektionismus auf den Plan ruft, dann für etliche Stunden auf engem Raum eine größere Zahl Menschen, die zusammengewürfelt und sehr unterschiedlich sein können und vielleicht Probleme miteinander haben, unter Umständen das Zusammensein mit Personen, mit denen man sich selbst weniger gut versteht, die Anforderung, sich am Smalltalk zu beteiligen ... Andererseits sind Feiern eine gute Gelegenheit, Zugehörigkeit im Familienkreis zu erleben. Wer sich die Offenheit für positive Überraschungen erhält, kann einer Feier wahrscheinlich unerwartete freudige Aspekte abgewinnen. HSP können sich selbst Einfühlung dafür geben, dass die Teilnahme in mancher Hinsicht nicht leicht fällt, und sich damit beruhigen, dass die Feier eine Ausnahme darstellt.

9. | Zusammenwohnen

„Nähe beglückt, zu viel Nähe erdrückt."

Helmut Glaßl (*1950)

HSP nehmen unablässig eine Fülle von Eindrücken von anderen Menschen auf, sobald diese ihnen räumlich nahe sind, ob sie wollen oder nicht. Je enger die Verbindung ist, umso eindringlicher sind Wahrnehmung und Empfindung und umso anhaltender ist der gedankliche und emotionale Nachhall. Da ist all das, was man hören, sehen, riechen kann, des Weiteren die spürbare Stimmung des anderen, die (vermuteten) Erwartungen, die konkreten Ansprüche. Da sind die Blicke und Gesten, die Bemerkungen, die kurzen und langen Gespräche, die freundlichen, aber auch die konfliktbehafteten, da ist auch mal Streit. Das Zusammenleben stellt demzufolge in vielerlei Hinsicht eine erhebliche Herausforderung für die feinfühligen, empfindsamen und irritierbaren HSP dar.

Mit einer Familie sind die Anforderungen an die HSP am vielfältigsten und am schwierigsten zu handhaben. Die anstrengendste Phase ist sicherlich die Zeit, in der die Kinder noch klein sind. Ist der Elternteil, der vornehmlich für die Betreuung der Kinder zuständig ist, hochsensibel, fehlen schmerzlich die eigentlich benötigten Erholungspausen. Hinzu kommen die strapazierenden Unterbrechungen des Nachtschlafs. (Buchtipp: *Hochsensible Mütter* von Brigitte Schorr)

Aber auch schon im Zusammenleben nur mit dem Partner/der Partnerin, worauf ich hier fokussieren möchte (im Folgenden der sprachlichen Einfachheit halber nur noch „der Partner"), kommen HSP oft an ihre Grenzen. Potenziell problematisch sind ein Übermaß an Nähe und ein Defizit an ungestörter Zeit für sich allein. Das verschärft sich, wenn beide die meiste Zeit zu Hause sind (durch Selbstständigkeit, Home-Office, In-Rente-Sein usw.).

> *Sicher ist das friedvolle Zusammenleben auch bei anderen Paaren eine höhere Kunst. Aber es wird schon noch schwieriger mit einem hochsensiblen Partner (in unserem Fall bin das ich). Man muss das mit dem verstärkten Bedürfnis nach Rückzug kommunizieren. Schwierig, wenn dein Partner null Verständnis hat oder mit seiner dann freien Zeit nichts anzufangen weiß.*
>
> *Es ist schön, am Sonntagmorgen im Bett gemeinsam einen Café Latte zu trinken und sich über alles Mögliche auszutauschen. Auch im Notfall nicht auf sich alleine gestellt zu sein, hat etwas Beruhigendes.*
>
> *Aber ich persönlich bin ziemlich oft genervt oder, besser gesagt, echt gestresst. Auch weil mein Partner leider die HSP-spezifischen Besonderheiten trotz mehrfacher Bitte nicht berücksichtigt. Nichts Dramatisches, aber ich trage mich mit Mordgedanken (Späßchen!), wenn ich wiederholt bei allen möglichen Gelegenheiten (z. B., wenn ich konzentriert einen Brief schreibe) wegen Belanglosigkeiten gestört werde. Ich hab's schon mehrfach erklärt. Nutzt nichts. Dass mein Ton zunehmend aggressiv wird, versteht er nicht. – Es geht nicht ohne viel Humor und gute Nerven. (Birgit)*

Ob HSP sich im Zusammenleben wohlfühlen, hängt u. a. sehr davon ab, ob sich ihr wiederkehrender Wunsch nach Rückzug, Ruhe und Für-sich-Sein im Alltag problemlos (!) erfüllen lässt. Auf Seiten der HSP braucht es eine solide Selbstsicherheit und Selbstakzeptanz, um mit einiger Selbstverständlichkeit Zeit für sich allein in Anspruch zu nehmen, ohne dabei von einem schlechten Gewissen geplagt zu werden. Und auf Seiten des Partners braucht es viel Verständnis und Akzeptanz.

> *Wir haben das große Glück, über genügend Fläche verfügen zu können. Jeder hat sein eigenes Arbeitszimmer. Dazu gibt es als Rückzugsmöglichkeit eine „Multifunktionsfläche" (z. B. für Gymnastik, Musikhören, Computerspiele) außerhalb des gemeinsamen Wohnzimmers. Hört sich paradiesisch an. Aber: Sobald ich Zeit für mich allein wünsche, ist bei mir das schlechte Gewissen da. Und mein Partner nimmt es persönlich, ist beleidigt, fühlt sich abgelehnt. Mit dem schlechten Gewissen ist die freie Zeit „vergiftet". (Elsa)*

Nachdem ein Paar sich gefunden hat, ist die übliche Entwicklung, dass beide nach einer Weile zusammenziehen, sei es, weil die Familiengründung ansteht oder man den finanziellen Vorteil eines gemeinschaftlichen Haushalts nutzen will oder man an die gegenseitige Unterstützung (z. B. im Alter) denkt – oder eben einfach aufgrund des gängigen Beziehungsideals.

> *Mein Mann und ich kamen sehr jung zusammen, haben in den ersten Jahren noch jeweils bei unseren Eltern gewohnt. Unser größter Wunsch war, endlich eine gemeinsame Wohnung zu beziehen. Wir dachten, wenn wir zusammenwohnen, dann wird alles perfekt und wunderbar sein. Als es dann endlich so weit war, war die erste Zeit von vielen Konflikten über alltägliche Dinge geprägt, was die Romantik in der Beziehung ziemlich verdrängte. Es hat ein paar Monate gedauert, bis sich alles eingespielt hatte, jeder seine Aufgaben im Haushalt hatte und wir lernten, unsere unterschiedlichen Herangehensweisen und Erwartungen zu akzeptieren.*
>
> *Herausfordernd geblieben sind unterschiedliche Bedürfnisse nach Nähe und Distanz, unterschiedliche Vorstellungen von Freizeitbeschäftigung wie z. B. Fernsehen, laute Musik, Besuch … Gut am Zusammenwohnen finde ich, dass man nicht allein ist. (Svenja)*

Von einigen HSP weiß ich, dass ihnen bei dem Gedanken ans Zusammenziehen nicht ganz wohl ist. Und ihre Bedenken sind durchaus begründet. HSP, die sich gut kennen, wissen von sich, dass sie dazu neigen, den Partner nicht nur aufmerksam, sondern auch kritisch zu betrachten und an manchen Eigenarten und Alltagsgewohnheiten Anstoß zu nehmen. Und dass es ihnen schwer fällt, dennoch annehmend und zugewandt zu bleiben. Der Hauptpunkt jedoch ist und bleibt: HSP brauchen nun einmal viel Raum und Zeit für sich und tun sich schwer damit, ständig einen anderen Menschen um sich herum zu haben bzw. in der Nähe zu wissen, auch wenn es der geliebte Partner ist.

> *Das Thema Zusammenziehen hatte ich tatsächlich mit meiner jetzigen Partnerin schon öfter. Bei mir ist da die Rückzugstendenz, der Wunsch nach Alleinzeiten zentral. Das hat mit Reizüberflutung zu tun, weil man als HSP im Zusammensein mit anderen ständig das Gesamtgeschehen im Blick hat, was sehr anstrengend ist. Gleichzeitig habe ich ein großes Harmoniebedürfnis.*
>
> *Ich würde Zusammenziehen für mich nicht komplett ausschließen wollen. Aber nur mit einer Partnerin, mit der es insgesamt harmonisch ist. In einer Beziehung, in der wir wirklich offen über Bedürfnisse reden können, gut Konflikte lösen und Kompromisse finden.*
>
> *Ich würde ein eigenes Zimmer für jeden haben wollen und gleichzeitig die Möglichkeit, auch gemeinsam in einem zu schlafen. Ich möchte keine ständige Lärmkulisse haben (meine Partnerin hat drei Wellensittiche!). Und trotzdem ist mir klar, dass es ein Wagnis bliebe.*
>
> *Die andere Seite ist, dass getrenntes Wohnen leider langfristig auch zur Belastung werden kann, gerade mit dem Älterwerden. Den goldenen Mittelweg scheint es mir nicht zu geben. Dass die Beziehung an diesem Punkt nicht früher oder später scheitert, setzt voraus, dass beide mit dem gewählten Weg glücklich werden können.*
> (Christoph)

Tatsächlich habe ich schon von einigen HSP die Aussage gehört, dass sie eine Wohnung nur für sich behalten bzw. haben wollen, ihr Refugium, wo sie weitgehend selbstbestimmt leben können und ihre so dringend benötigte Ruhe haben. Sie sagen, das könne ein eigenes Zimmer in einer gemeinsamen Wohnung nicht bieten, da sei totales Abschalten kaum möglich. Für sie macht es eben einen großen Unterschied, ob noch jemand in der Wohnung ist oder nicht.

> *Ich wohne gern mit jemandem zusammen, bin aber auch sehr gern allein. Wirklich erholsam finde ich es nur, wenn tatsächlich niemand im Haus ist. Auch wenn mein Mann woanders im Haus ist und nicht zu mir kommt, fühlt sich doch ein leeres Haus anders an.* (Rike)

In einer Wochenendbeziehung zum Beispiel kann man sich am Wochenende intensiv auf den Partner einlassen, Zusammensein und gemeinsame

Unternehmungen genießen. Und unter der Woche Ruhe um sich herum haben, nach eigenem Gutdünken seinen Interessen nachgehen, wohl dosiert soziale Kontakte pflegen, sich unbehelligt um sich selbst kümmern. Auch die Option gibt es: dass die Partner relativ nah zueinander in verschiedenen Wohnungen leben, auch ohne eine Notwendigkeit wie zum Beispiel Arbeitsplätze an weit voneinander entfernten Orten. „Living apart together" (LAT) ist der moderne Begriff für ein frei gewähltes getrenntes Wohnen als Paar auf lange Sicht. Diese Variante bietet Menschen mit starkem Autonomiebedürfnis – und vielleicht auch für HSP – eine lebbare Beziehungsform.

Bei langjährig zusammenlebenden Paaren soll es übrigens gar nicht so selten die (meist unausgesprochene) Idealvorstellung von zwei getrennten Wohnungen, die nebeneinander oder übereinander liegen, geben. Es wird offenbar: Die Partner (nicht nur hochsensible!) brauchen neben dem, was sie gemeinsam haben, auch ihre individuellen Freiräume. (Buch-Tipp: *FreiRaum – Ein Zimmer für mich allein* von Mathias Jung)

Die Krux bei einer gemeinsamen Wohnung ist, dass die Partner in aller Regel nur gemeinsam genutzte Räume haben und keine Bereiche, in die sie sich jeweils für sich allein nach Belieben zurückziehen können. Was ich in dieser Hinsicht sehr kritisch sehe, ist die übliche Raumaufteilung in modernen Wohnungen und Häusern. Ein großes Wohn-/Esszimmer, meist mit offener Küche, ein Schlafzimmer, gegebenenfalls noch kleinere Kinderzimmer, eventuell noch ein Arbeitszimmer oder Gästezimmer. In Häusern ist das Treppenhaus häufig offen und inmitten des Wohnraums. Das Ganze mag großzügig aussehen, den alltäglichen Anforderungen wird es in vielen Fällen nicht gerecht, schon gar nicht denen von HSP.

Ist Wohnraum derart offen gestaltet, bietet dies wenig Raum für Individualität. Man kann kaum Unterschiedliches tun, ohne sich gegenseitig zu stören. Will z. B. einer fernsehen und der andere lesen, wird es schon schwierig. Hat der eine Besuch, den der andere vielleicht nur kurz begrüßen möchte, fehlt die Möglichkeit zum Rückzug (man will ja nicht immer ins Schlafzimmer ausweichen). Es gibt zu wenige Türen, die man bei Bedarf hinter sich schließen kann. Durch ihre Geräuschempfindlichkeit haben HSP besonders schlechte Karten. Die Folgen ihrer überstrapazierten Nerven aber haben letztlich immer beide zu tragen. Die Unausgeglichenheit und die erhöhte Reizbarkeit der HSP führen nicht selten zu Missklang und Reibereien in der Beziehung.

> Meine besonderen Herausforderungen beim Zusammenwohnen waren (und sie waren wohl zu groß, denn inzwischen wohne ich wieder alleine): MEINE Akzeptanzschwelle von Geräuschen, jegliche Geräuschkulisse, die ich nicht beeinflussen konnte. Kaffeevollautomat, Dunstabzugshaube, Küchenmaschine, das Mausklicken des PCs meines Mannes, der eine Zeitlang intensiv gespielt hat, am liebsten bei offener Tür. MEINE Empfindlichkeit gegenüber Gerüchen, z. B. Essensgerüchen von Gekochtem, das ich nicht mag, wie Zwiebeln, Fleisch. MEINE Vorstellungen von Ordnung, der zum Schreibtischzusatz mutierte Esstisch. Und MEINE hirnverbrannte Idee von „Wenn ich nur genug lieben würde, könnte ich das alles tolerieren". (Christa)

Nachvollziehbarerweise haben viele HSP den dringenden Wunsch, ein eigenes Zimmer in der gemeinsamen Wohnung zu haben. Das kann ihnen als Rückzugsort dienen, an dem sie immer wieder zu sich zu kommen und sich entspannt mit was auch immer beschäftigen. Entsprechend eingerichtet bietet dieses Zimmer auch die Möglichkeit, bei Bedarf für sich allein schlafen zu können. Weil HSP so störanfällig sind, ist für viele von ihnen nur der Schlaf allein wirklich erholsam. Ich denke an abweichende Schlafgewohnheiten sowie Atemgeräusche, Schnarchen und unruhiges Schlafen des Partners. (Dem Thema „zusammen oder getrennt schlafen" widme ich ein Extrakapitel, Kapitel 10, weil ich es für so wichtig halte.)

Ich selbst lebe seit zehn Jahren als Single und finde das gut so. Dennoch will ich es nicht versäumen, die schönen Seiten des Zusammenwohnens zu würdigen, die natürlich insbesondere dann zum Tragen kommen, wenn man das Glück hat, in einer harmonischen Liebesbeziehung zu leben. Gemeinsames Wohnen stärkt die Vertrautheit und das Bindungsgefühl. Man hat denselben Lebensmittelpunkt und denkt an denselben Ort, wenn man von „Zuhause" spricht. Niemand fühlt sich wie ein Gast. Man begegnet sich in vielen kleinen ungezwungenen Momenten, fühlt sich geborgen durch regelmäßiges gemeinsames Einschlafen und Aufwachen. Man baut gemeinsam etwas auf. Man spart Geld (nur eine Miete), Arbeit (es ist nur ein Haushalt zu pflegen), Zeit (keine Pendelzeiten). Man ist spontaner und flexibler in all seinem Tun, ob nun für sich allein oder zusammen. Man hat immer alle eigenen Sachen für welche Beschäftigung auch immer im Zugriff. Schließlich gibt es den Sicherheitsaspekt: Falls einem etwas passiert, bleibt es weniger lang unentdeckt. Und man kann sich unterstützen und pflegen, wenn einer Hilfe braucht oder krank ist.

Was für Sie hilfreich sein kann

> „Ich frage mich manchmal, ob Männer und Frauen wirklich zueinander passen. Vielleicht sollten sie einfach nebeneinander wohnen und sich nur ab und zu besuchen."
>
> Katherine Hepburn (1907 – 2003)

Überlegen Sie es sich gut mit dem Zusammenziehen!

Die Einstellung gegenüber dem Zusammenwohnen ist sehr individuell und unter anderem abhängig von der persönlichen Vorerfahrung, der aktuellen Lebensphase und dem Lebensentwurf. Wie gewichten Sie aufgrund dessen die Vor- und Nachteile? Was sind Ihre wesentlichen Bedürfnisse, was Ihre Wunschvorstellungen? Und wie passen die zu denen Ihres Partners?

> *Heute denke ich, man sollte VOR dem Zusammenwohnen einander und die jeweiligen Gewohnheiten sehr gut kennen, VORHER abgleichen, wer was braucht, und hinschauen, wie gut man/frau Nein sagen und für sich sorgen kann, ohne zu denken „das kann ich dem anderen nicht zumuten". Alles das weiß ich HINTERHER. (Christa)*

> *Zusammenwohnen setzt für mich ein hohes Maß an harmonischem Gleichklang, an ähnlichem Lebensrhythmus, an nahezu gleichartiger Lebens- und Alltagsgestaltung, an selbstverständlicher gegenseitiger Rücksichtnahme, an einem Gleichgewicht zwischen Geben und Nehmen sowie an einvernehmlicher Aufgabenverteilung (und ... und ... und ...) voraus. Ich habe die Erfahrung gemacht, dass ich viel Raum, Zeit und Muße für mich alleine brauche. Die gemeinsamen Räumlichkeiten sollten so großzügig gestaltet sein, dass jede(r) über genügend Rückzugsmöglichkeiten verfügt und sich auch energetisch (!) vom anderen absentieren kann.*
>
> *Für Hochsensible scheint mir besonders die Schwierigkeit, sich von den Stimmungen des Gegenübers abzugrenzen, eine (allzu) große Herausforderung zu sein. Ich kann daher nur empfehlen, sehr genau hinzufühlen, hinzuschauen und zu prüfen, ob die Übereinstimmungen wirklich groß genug und dauerhaft belastbar sind, um dieses Wagnis einzugehen ...*
>
> *Ich persönlich bin mehrfach in meinem Leben daran gescheitert und würde vermutlich keinen weiteren Versuch mehr wagen ... Lösungen für die alltäglichen Schwierigkeiten habe ich keine gefunden. (Katinka)*

Planen Sie vorausschauend!

Gleichen Sie frühzeitig mit Ihrem Partner Erwartungen ab, sprechen Sie offen über Ihre Bedenken und Wünsche aus der hochsensiblen Warte. Beziehen Sie schon bei der Suche nach einer gemeinsamen Wohnung oder der Planung für ein Haus die besonderen Erfordernisse Ihrer Paar-/Familienkonstellation ein. So haben Sie die besten Chancen auf Zufriedenheit und Beziehungsglück. (Ich denke gerade, dass ein Objekt älteren Baujahrs vielleicht eher den räumlichen Bedürfnissen von HSP entspricht als ein modernes.)

> *Da mein Mann ebenfalls viel Raum für sich braucht, ist das mit Nähe und Distanz bei uns nicht so ein Problem. Bewährt hat sich bei uns: ein großes Wohnzimmer, eine Wohnküche, ein Büro und eine Werkstatt im Keller. Wenn wir nicht gemeinsam im Wohnzimmer sein wollen, geht einer in die Küche. Mein Mann ist auch sehr gern im Büro oder in der Werkstatt. (Rike)*

Suchen Sie nach funktionierenden praktischen Lösungen!

Passen Sie lieber die äußeren Umstände den Bedürfnissen an, als beiden Seiten über Gebühr Rücksichtnahme und Einschränkung bzw. Toleranz und Anpassung abzuverlangen. Es geht um viele kleine geeignete Strategien für (potenzielle) Alltagskonflikte, die unnötig die Harmonie gefährden, Unzufriedenheit und Unwillen erzeugen. Nur mal ein Beispiel: Vielleicht kann es einen zweiten Fernseher in einem anderen Raum als dem Wohnzimmer geben, sodass Ton und Bild vom TV nicht zwangsläufig den gesamten Wohnbereich beherrschen. Auch Kopfhörer, die den Ton nur dem liefern, der ihn hören möchte, bringen Entlastung. Je flexibler, kreativer und experimentierfreudiger Sie beide bei der Lösungsfindung sind, desto besser.

Sprechen Sie miteinander!

Bringen Sie Ihr Anliegen zur Sprache. Eröffnen Sie die Diskussion mit Ihrem Partner, wenn Sie ein Ansinnen bezüglich der Wohnsituation und der Alltagsgewohnheiten haben. Seien Sie selbst offen für Veränderung und werben Sie dafür. Erklären Sie Ihr hochsensibles Erleben, ohne auf die Vorwurfsschiene zu geraten. Setzen Sie auf die Gesprächs- und Kooperationsbereitschaft Ihres Partners, aber überstrapazieren sie diese nicht. Betrachten Sie seine Bedürfnisse als gleichwertig zu Ihren, auch wenn Ihre dringlicher zu sein scheinen. Lösungen auf Kosten Ihres Partners werden sich letzten Endes als nicht tragfähig erweisen. (Buchtipp für Ihren Partner: *Hochsensible Mitmenschen besser verstehen* von Ulrike Hensel)

> Mein Tipp: Sprecht über Eure Bedürfnisse und nehmt auch wahr, wodurch Euer Partner Lebensfreude empfindet und was ihm besonders wichtig ist. Dann sucht Lösungen für gemeinsame Zeit und klärt, was notwendig ist, damit keiner in Stress kommt. (Christiane)

> Wichtig ist, den Partner über die eigene Hochsensibilität aufzuklären. Dabei aber darauf achten, dass das nicht eine Ausrede für alles Mögliche ist, z. B. für Dinge, die man tun könnte, wozu man aber einfach keine Lust hat. Erklären, wenn man sich zurückziehen möchte, und dabei betonen, dass es nichts mit dem Partner zu tun hat. (Svenja)

> Man muss über das Thema Hochsensibilität reden. Abstimmung und auch gegenseitige Toleranz sind essenziell. Aus meiner Sicht sollte man nicht nur den Rückzug als alleinige Lösung für kritische, belastenden Punkte (laut, hell, zugig, Events, Besuche, viele Leute u.v.m.) sehen, sondern gemeinsam auch nach anderen Lösungen suchen. Im Nachhinein die Dinge besprechen, die einen sehr gestresst haben, sich aber auch die andere Seite anhören, was den anderen belastet hat, inklusive vielleicht dem Verhalten der HSP. (Robert)

Balancieren Sie Nähe und Distanz aus!

Finden Sie eine Ausgewogenheit zwischen Nähe, Bindung und Anpassung einerseits und Distanz, Autonomie und Abgrenzung andererseits. Mit zu viel Anpassung verlieren Sie sich selbst aus dem Blick, mit zu viel Abgrenzung die Beziehung. Es ist von Mensch zu Mensch unterschiedlich, wie sehr es ihn zu dem einen und zu dem anderen Pol zieht. Wie sind Ihre eigenen Bedürfnisse gelagert? Wie leicht fällt diesbezüglich die Abstimmung mit Ihrem Partner? Zu Ihrer Beruhigung sei gesagt: Eine gewisse Ambivalenz zwischen beiden Strebungen ist für jeden völlig normal. Man kann sich nie ein für alle Mal für Nähe oder Distanz entscheiden, sondern nur situativ priorisieren und beides insgesamt austarieren.

> *Ich genieße gemeinsame Erlebnisse wie Essen, Spielen, Reden und auch mal Fernsehen. Aber ich möchte auch nicht alles zwangsläufig zusammen machen. Gemeinsam spazieren gehen und danach macht jeder, was er will. Denn mein Mann und ich haben z. B. ganz andere Interessen bei der Filmauswahl und ich mache lieber selbst Musik (ich spiele Gitarre) als in die Kiste zu schauen. Ich habe leider kein Zimmer für mich, worüber ich mich sehr freuen würde. Kompromisse schließen ist manchmal echt schwer, aber das ist bei Nicht-HSP wahrscheinlich nicht anders. (Rike)*

Sorgen Sie für ausreichend Alleinzeit!

Ist es für Sie auch so wichtig, zwischendurch immer mal wieder ganz für sich zu sein? Um sich mit Muße einer Beschäftigung zu widmen? Um Stress abzubauen, sich gedanklich zu sortieren, sich gefühlsmäßig zu beruhigen? Sollte es in der Wohnung nicht so gut möglich sein, nehmen Sie sich Zeit für sich außerhalb des Hauses. Machen Sie ab und zu einen Spaziergang allein. Oder Sie haben einen Garten und können in der Gartenarbeit versinken. Oder Ihr Partner ist draußen beschäftigt oder unterwegs und Sie sind in der Zeit drinnen allein.

> *Mein Mann hat eine ganze Weile gebraucht, um mein Bedürfnis nach Alleinzeit zu akzeptieren. Bewährt hat sich auf jeden Fall, klar anzusprechen, wenn ich Zeit für mich brauche, und am besten für danach etwas Gemeinsames in Aussicht zu stellen. Schwierig ist es für ihn, wenn ich mich wortlos zurückziehe. Wesentlich besser geht es mir, seit ich nur noch halbtags arbeite. So habe ich den Nachmittag gesichert für mich allein und kann die Abende und Wochenenden mit meinem Mann besser genießen. (Lisa)*

> *Ich habe den großen Vorteil, dass mein Mann in seinem Job sehr lange arbeitet und ich daher viel Zeit zu Hause alleine habe. Da ich hauptsächlich vormittags arbeite, kann ich mir die Nachmittage zu Hause frei einteilen. Ich genieße Zeit in der Natur und mit meinen Tieren. Das dient mir zum Auftanken und Runterkommen nach der Arbeit. (Evi)*

Schauen Sie, ob sich ein eigenes Zimmer realisieren lässt!

Geben Sie den Wunsch nach einem eigenen Zimmer, sofern Sie ihn haben, nicht frühzeitig auf, nur weil er auf den ersten Blick nicht erfüllbar zu sein scheint. In einer kleinen Wohnung könnte man erwägen, statt Wohn- und Schlafzimmer einen Raum für jeden einzurichten. Über die Verwendung eines Arbeits- oder Gästezimmers kann neu nachgedacht werden. Das eigene Zimmer ist Gold wert. Sie können es ganz nach Ihrem Geschmack ausgestalten und darin tun und lassen, was Sie möchten. In dem Raum kann vielleicht auch ein Bett oder eine Schlafcouch stehen, sodass Sie die Möglichkeit haben, dorthin auszuweichen, sollten Sie im gemeinsamen Schlafzimmer keinen erholsamen Schlaf finden. Lässt sich ein eigenes Zimmer nicht verwirklichen, dann ist es hilfreich, sich dahingehend zu arrangieren, dass man einen definierten Rückzugsort in der Wohnung hat.

Richtig, richtig gut war die Verwandlung des Gästezimmers in MEIN Zimmer. Eine Tür, die ich hinter mir schließen kann – superwichtig! Ein Schlafplatz ohne Schnarchgeräusche – superwichtig! (Christa)

Falls man kein eigenes Zimmer hat, könnte man vereinbaren, dass z. B. das Schlafzimmer als Rückzugsmöglichkeit dient, während der andere sich im Wohnzimmer aufhält. Man sollte es sagen, wenn man Zeit für sich braucht, damit der andere Bescheid weiß, um Verständnis bitten und auch den Partner verstehen. (Svenja)

Erlauben Sie sich, unkonventionell zu leben!

Entziehen Sie sich dem tatsächlichen oder vermuteten Erwartungsdruck der Menschen in Ihrem Umfeld. Das betrifft die Aufteilung der Wohnung, eigene Zimmer für jeden, getrennte Schlafzimmer. Sie und Ihr Partner können sich bewusst gegen das Übliche, unter Umständen auch gegen gemeinsame vier Wände, entscheiden. Es muss nur für Sie und Ihren Partner passen.

Arbeiten Sie an Ihrem schlechten Gewissen!

Geht es Ihnen auch so, dass Sie mit einem schlechten Gewissen zu kämpfen haben, sobald Sie Ihrem Bedürfnis nach Rückzug nachkommen? Dahinter stecken oft tiefsitzende Überzeugungen, dass wir uns selbst nicht so wichtig nehmen dürfen, dass wir für andere da zu sein haben. Auch die Angst, abgelehnt und ausgeschlossen zu werden. Solche Glaubenssätze und Ängste machen es uns schwer, uns Selbstfürsorge zu erlauben. Daran etwas zu ändern ist ein Prozess, für den wir Geduld brauchen.

> *Ich sehe es so: Eine lebendige Beziehung ist wie Ein- und Ausatmen. Zeit gemeinsam und Zeit für sich allein. Hochsensible brauchen eventuell mehr vom Alleinsein. Wenn man das sich selbst und auch dem Partner klarmacht, braucht man kein schlechtes Gewissen zu haben. Schwieriger wird es, wenn der Partner nicht damit klarkommt. (Svenja)*

> *Früher war es der Hobbyraum im Keller. Seit wir einen Schrebergarten haben, ist das mein Rückzugsort. Draußen sein tut immer sehr gut. Es gibt da aber auch eine kleine Hütte. Anfangs hatte ich ein schlechtes Gewissen, wenn ich mich zurückzog. Aber meine Frau hat inzwischen auf meine Aufforderung hin („Bitte mal lesen!") auch Bücher über Hochsensibilität gelesen und versteht nun meine Probleme in gewissen Situationen viel besser als vorher. Sie hat aber auch schon viele Überlastungen durch Reizüberflutung bei mir miterlebt und ist nun insgesamt froh, dass sich über Rückzug solche Situationen insgesamt reduzieren lassen. (Robert)*

Sehen Sie auch das Schöne am Zusammenwohnen!

Wir alle richten unser Augenmerk zuvorderst auf die Probleme, die wir haben. Das ist nützlich, weil es uns antreibt, Lösungen zu finden und Abhilfe zu schaffen. Zugleich ist es aber hinderlich, weil es eine einseitige Betrachtungsweise ist, die uns tendenziell unzufrieden macht. Richten Sie Ihren Blick daher bewusst immer wieder auch auf das Positive am Zusammenleben.

Zusammenwohnen ist möglich. Gemeinsame Aktivitäten wie z. B. kochen, Filme anschauen, Gespräche über alle möglichen Themen, Körperkontakt tun allen gut, natürlich auch uns HSP. Die Chance besteht darin, sich gemeinsam weiterzuentwickeln, kritische Situationen zu meistern. In guten wie in schlechten Tagen. Das schweißt einfach zusammen. (Robert)

IMPULS: Finden Sie heraus, was für Sie gut geht!

Zusammenwohnen bringt es mit sich, dass HSP all den Reizen und Ansprüchen, die vom Partner ausgehen, sehr unmittelbar und anhaltend ausgesetzt sind, was ihnen „auf die Nerven gehen" kann. Sie sollten daher unbedingt die Möglichkeit zum Rückzug haben, um sich in Ruhe wieder auf sich zu besinnen und sich zu erholen, mit Muße eigenen Interessen nachzugehen und neue Kraft fürs partnerschaftliche Zusammensein zu schöpfen. Beide Partner haben die Aufgabe, sich um einen stimmigen Ausgleich zwischen Nähe und Distanz zu kümmern und funktionierende Lösungen für die kleinen und großen Differenzen zu finden, damit die erfreulichen Seiten des Zusammenlebens auch auf lange Sicht überwiegen.

10. Zusammen oder getrennt schlafen

„Schlaf ist ein Hineinkriechen des Menschen in sich selbst."
Friedrich Hebbel (1813 – 1863)

Aus meiner Coaching-Praxis weiß ich, dass getrenntes Schlafen oftmals geradezu ein Tabu-Thema unter Paaren ist. Es wird kaum offensiv angesprochen, nicht einmal im Coaching. Das geteilte Doppelbett ist die Standardlösung für Paare und zugleich die gesellschaftlich verbreitete Idealvorstellung, obwohl dabei der Schlaf der Partner in vielen Fällen negativ beeinflusst wird. Sicher sind es nicht nur HSP, die den Wunsch nach einem eigenen Schlaf-Reich und ungestörter Nachtruhe haben, aber für sie hat es eine besondere Dringlichkeit, weil sie sich so leicht von allem Möglichen gestört fühlen, was sie in ihrer Umgebung wahrnehmen, und diese Störungen kaum ausblenden können. Und weil sie die nervliche Erholung im Schlaf so besonders nötig haben.

So kuschelig es sein mag, aneinander geschmiegt einzuschlafen, so anstrengend kann es werden, die ganze Nacht an der Seite der Partnerin / des Partners (ab jetzt nur noch „Partner") zu verbringen. Die vorrangige Störquelle beim gemeinsamen Schlafen ist das Schnarchen, aber auch Atemgeräusche, häufiges Umdrehen und Berührungen werden genannt. Selbst wenn man nicht unbedingt wach wird von nächtlichen Sinneseindrücken, so können diese doch die Entspannung während des Schlafs behindern.

Ungestörter Schlaf bedeutet auch, dass die natürlichen Schlafphasen optimal ablaufen können, einschließlich des Träumens, das ja bekanntermaßen für die Verarbeitung von Tageserlebnissen so wichtig ist. Hinzu kommt, dass HSP häufig nicht so leicht in den Schlaf finden und bestimmte Routinen brauchen, die sie am besten allein durchführen, um wirklich zur Ruhe zu kommen. Die Gewohnheiten des anderen vor dem Einschlafen, wie z. B. Fernsehen oder Handy-Surfen, sind ein weiterer Störfaktor. Wollen HSP die erheblichen Beeinträchtigungen ihrer Schlafqualität wirklich dem Partner zuliebe auf Dauer aushalten?

Getrennte Schlafzimmer oder zumindest die Möglichkeit, bei Bedarf bequem getrennt schlafen zu können, geben beiden Partnern die Freiheit, ihren Vorlieben zu folgen. So ist es für beide möglich, früh oder spät ins Bett zu gehen (Lerche / Eule), kürzer oder länger zu schlafen (viele HSP brauchen überdurchschnittlich viel Schlaf), abends im Bett nach Belieben noch zu lesen, ein Hörbuch oder Musik zu hören, eventuell fernzusehen, bei offenem oder geschlossenem Fenster, hell oder dunkel zu schlafen. In einem gemeinsamen Schlafzimmer ist das alles aus Rücksicht auf den anderen nur eingeschränkt möglich bzw. um den Preis, dass einer etwas hinnimmt, der andere sich etwas verkneift. Wie bedauerlich ist es, wenn Konflikte, die sich aus diesen unterschiedlichen Bedürfnissen ergeben, die Beziehung belasten.

Getrenntes Schlafen schließt ja glücklicherweise nicht aus, dass man sich abends vor dem eigentlichen Schlafengehen und/oder gleich morgens nach dem Aufwachen zusammen in ein Bett kuschelt, Nähe, Geborgenheit und Intimität genießt.

> *Bevor wir einvernehmlich zum getrennten Schlafen kamen, mussten erst verschiedene Dinge geschehen. Ich thematisierte es immer wieder, denn mein Mann schnarcht schon sehr lange, fand jedoch keine befriedigende Lösung (z. B. Ohrstöpsel oder dass ich eher ins Bett gehe und schon einschlafe ...). Unsere Vorstellungen waren gesellschaftlich geprägt. Demnach ist es ein Zeichen für eine gute Beziehung, dass man in einem Bett schläft. Wir dachten, getrennte Schlafzimmer seien nur für sehr alte Menschen eine legitime Möglichkeit. Verrückt, oder? Also habe ich weiter ausgehalten.*

> Den Anstoß zu einer Veränderung gab eine neue, jüngere Kollegin, die mir im Büro gegenüber saß. Wir sprachen viel über Lebensthemen. Einmal erwähnte sie ganz beiläufig, dass sie und ihr Freund getrennt schlafen, weil es sie stört, wenn er schnarcht. Dabei waren sie erst ungefähr zwei Jahre zusammen. Sie sprach mit einer solchen Selbstverständlichkeit darüber, als wäre es die normalste Sache der Welt! Ich hörte ihr zu und dann ging mir das Thema nicht mehr aus dem Kopf.
>
> Wenig später sagte ich meinem Partner, dass ich es ausprobieren möchte, und setzte mein Vorhaben auch um. Ich schlief in der Wohnstube und er im Schlafzimmer. Mir tat das sehr gut! Für mich war jede Nacht des Zusammenschlafens in einem Bett purer Stress gewesen, immer darauf wartend, dass die Geräuschkulisse startete. Am Morgen war ich dann müde und unausgeglichen, fühlte mich nie erholt.
>
> Mein Mann hatte zunächst große Probleme mit dem Getrenntschlafen, fand es nicht akzeptabel. Ich blieb aber dabei. Erst als wir nach längerer Zeit einmal bei einem Familienbesuch durch Zufall auf das Thema kamen, erzählten sowohl seine Eltern als auch seine jüngere Schwester, auch ganz selbstverständlich, dass sie getrennt schlafen. Von da an konnte er es tatsächlich akzeptieren.
>
> Mittlerweile sind wir umgezogen. Mein Partner und ich haben jetzt jeder ein eigenes Zimmer zum Schlafen. (Julika)

Was für Sie hilfreich sein kann

> „Schlaf: Ein guter Tag fängt mit einer guten Nacht an."
>
> Gerhard Uhlenbruck (*1929)

Gehen Sie das Thema an!

Wenn Sie sich getrenntes Schlafen wünschen, dann sprechen Sie es an, bevor Sie zu sehr leiden und zu viel hinnehmen. Überwinden Sie die Scheu, falls es in Ihrer Beziehung ein „heißes Eisen" sein sollte. Bedenken Sie: Schlechter Schlaf gefährdet Ihre Gesundheit und macht Sie insgesamt noch „dünnhäutiger" und reizbarer. Wer im Schlaf ständig gestört wird, entwickelt unweigerlich Aggressionen auf denjenigen, von dem die Störung ausgeht, auch wenn der gar nichts dafür kann. Angestauter Ärger entlädt sich womöglich im unpassenden Moment in unpassender Heftigkeit und kränkt Ihren Partner. Und das ist ja genau das, was Sie vermeiden wollen. Versuchen Sie, Ihrem Partner zu vermitteln, dass Ihr Ansinnen keine persönliche Ablehnung ausdrückt und nichts mit nachlassender Zuneigung zu tun hat. Im Gegenteil: Sie wollen das Beziehungsglück retten.

> *Wenn ich „gemeinsames Schlafzimmer" höre, laufen bei mir Filme ab. Heute kann ich nur den Kopf schütteln und sogar darüber lachen, denn als glücklicher Single liegt das hinter mir. Mal abgesehen von den wirklich schönen Momenten ... was habe ich nicht alles erduldet und mir angetan! Einfach unglaublich. Auch wenn ich meine Partner jeweils geliebt habe, nachts wurde diese Liebe auf eine harte Probe gestellt. Sei es wegen Schnarchen oder auch wegen Alkohol, was meine überempfindliche Nase einfach nicht ertrug. Schon alleine der Gedanke an ein eigenes Schlafzimmer war früher nicht zulässig und wäre wohl dem Entzug der ehelichen Pflichten zugeordnet worden. Ich hoffe sehr, dass dies heute offener gehandhabt werden kann. (Angela)*

> *Wir schlafen meistens getrennt, je nach Lust und Laune gibt es aber auch gemeinsame Bettzeiten. Getrenntes Schlafen ist aus meiner Sicht für Paare ohnehin eine gute Lösung, da sich mit dem Alter ja teilweise seltsame Schlafgewohnheiten und Geräuschkulissen entwickeln. Das braucht kein Mensch. So wird schon viel Konfliktpotenzial aus der Beziehung genommen, finde ich. (Christiane)*

> *Da ich schnarche, wurde ich schon länger von meiner Frau „ausquartiert". Das funktioniert schon seit Jahren super. Die getrennten Schlafzimmer kommen mir als HSP entgegen, da ich abends oft länger wach liege und einfach mehr Zeit brauche, um den Tag zu verdauen. Das mache ich z. B. durch Lesen, Meditations-Apps oder Tagebuchschreiben. Von Vorteil ist das getrennte Schlafen auch bei unterschiedlichen Anforderungen an die Wohlfühl-Temperatur. Ich mag es lieber wärmer und ohne Zug und Lärmbelästigung bei geöffnetem Fenster. (Robert)*

> *Brauchen HSP ein eigenes Schlafzimmer? Meine kurze Antwort: JA, unbedingt! Es beginnt schon mit den Dingen, die wir ein paar Stunden vor Beginn der Nachtruhe tun (oder eben besser lassen) sollten. Aus eigener Erfahrung weiß ich auch, dass es sinnvoll ist, schon von Anbeginn einer Liebesbeziehung einen vorhandenen Wunsch nach getrennten Schlafräumen klar zu kommunizieren! (Katinka)*

Schaffen Sie günstige Voraussetzungen für das gemeinsame Schlafen!

Gehören Sie zu den Menschen, für die das Gefühl von Nähe zu ihrer/ihrem Liebsten so beruhigend und nährend ist, dass nächtliche Unruhe weniger ins Gewicht fällt? Oder geben es die Wohnbedingungen nicht her, getrennte Schlafzimmer einzurichten? Dann machen Sie das Beste aus dem gemeinsamen Schlafzimmer. Dazu einige Ideen: verschiedene Zu-Bett-geh-Zeiten, getrennte Matratzen, sodass Ihre eigene nicht mit ins Wanken gerät, wenn Ihr Partner sich umdreht, und eine eigene Bettdecke, die Sie für sich hernehmen und sich so hinziehen können, wie Sie es brauchen. Ein Doppelbett mit einer gewissen Gesamtbreite erlaubt es Ihnen, sich auf Ihre Hälfte zurückzuziehen. Vielleicht leisten auch Ohrstöpsel und eine Schlafmaske gute Dienste.

> *Ich habe kein eigenes Schlafzimmer und ich muss sagen, dass mir das auch nicht fehlt. Vielleicht auch, weil ich es nicht anders kenne. Aber das klappt ganz gut. (Birgit)*

> *Ich schlafe sehr gern zusammen im Bett. Mein Mann schnarcht zum Glück nur selten. Einschlafen will ich dann aber ohne jeglichen Körperkontakt. Das war etwas schwer für meinen Mann, aber er hat es akzeptiert. Er schläft sowieso gefühlt innerhalb von Sekunden ein. Trotzdem genieße ich es auch mal, allein im Bett einzuschlafen, was aber o.k. ist, da mein Mann deutlich weniger Schlaf braucht und oft später ins Bett geht. (Rike)*

Richten Sie die Möglichkeit ein, ab und zu für sich zu schlafen!

Vielleicht ist es für Sie ausreichend, wenn Sie dann und wann eine Nacht in einem separaten Zimmer in Ruhe für sich allein schlafen, und sei es auf dem Sofa. Zum Beispiel, wenn einer von beiden erkältet ist oder auch einfach so, wenn Ihnen danach ist. Dafür ist es gut, wenn Sie sich diese Option offen halten und alles dafür vorbereiten.

Sorgen Sie für gute Bedingungen für erholsamen Schlaf!

Ob Sie nun zusammen oder getrennt schlafen: Beherzigen Sie das, was Ihnen erfahrungsgemäß hilft, einen gesunden Schlaf zu finden. Folgen Sie Ihrem individuellen Tag-Nacht-Rhythmus. Vollziehen Sie bewährte Rituale, um sich den Übergang in die Nacht zu erleichtern. Nehmen Sie möglichst früh eine eher leichte Abendmahlzeit ein. Strengen Sie sich am Abend nicht mehr körperlich oder geistig an. Tun Sie in den Stunden vor dem Einschlafen nur stressfreie Dinge, schauen Sie keine aufregenden Filme, führen Sie keine kontroversen Gespräche.

Wählen Sie Kopfkissen, Bettdecke und Bettwäsche ebenso sorgfältig nach Ihren Bedürfnissen wie Ihre Nachtwäsche. Sie wissen ja: Da darf nichts drücken, beengen, kratzen! Ein Fliegennetz vor dem Fenster kann Sie im Sommer vor lästigen Mücken schützen und dennoch frische Luft hereinlassen. Der Kopf sollte nicht Zugluft ausgesetzt sein, die Temperatur nicht zu hoch und nicht zu niedrig sein, das Zimmer so weit abgedunkelt, dass kein Licht von draußen blendet (Straßenlaterne, vorbeifahrende Autos, früher Sonnenschein). Elektrogeräte und Handy möglichst aus dem Schlafbereich verbannen bzw. komplett ausschalten.

> **IMPULS: Sorgen Sie für einen erholsamen Schlaf!**
>
> Ungestörter, ausreichend langer Schlaf entsprechend dem eigenen Schlafrhythmus ist für HSP besonders wichtig, da sie ihn so dringend für ihre Regeneration brauchen. Im Schlaf wird die Fülle der Reize des Tages verarbeitet. Für die Nacht trifft zu, was überhaupt gilt: HSP sind in hohem Maße abhängig von geeigneten Umgebungsbedingungen. Deshalb sollten diese möglichst schlaffördernd gestaltet werden. Für nicht wenige HSP ist nur der Schlaf allein wirklich erholsam, weil sie Ruhe und Distanz brauchen, um gut ein- und durchschlafen zu können. Wenn das so ist, sollte getrenntes Schlafen unbedingt in Erwägung gezogen, mit dem Partner diskutiert und letztlich auch in die Tat umgesetzt werden. Für das eigene Wohlbefinden und für den Erhalt der glücklichen Beziehung.

11. | Urlaub

> „Zum Reisen gehört Geduld, Mut, guter Humor, Vergessenheit aller
> häuslichen Sorgen, und daß man sich durch widrige Zufälle, Schwierigkeiten,
> böses Wetter, schlechte Kost und dergleichen nicht niederschlagen läßt."
>
> Adolph Freiherr von Knigge (1752 – 1796)

HSP erleben Urlaub in mancher Hinsicht so anders als die Mehrheit der Menschen. Während andere von der „schönsten Zeit des Jahres" sprechen, ist Urlaub für viele HSP mit zwiespältigen Gefühlen verbunden. Da ist auch bei ihnen Vorfreude und Freude, aber es gibt außerdem Bedenken und Belastungen.

Es fängt an mit den Urlaubsvorbereitungen, was zu Hause alles bedacht werden muss (Wer versorgt während der Abwesenheit Haustiere und Pflanzen, sieht nach dem Rechten?) und was für die Reise mitgenommen werden sollte (Reiseunterlagen und Reiseführer, Kleidung für alle Wetterlagen und Einsatzzwecke, Utensilien für alle Eventualitäten …) Die Überlegungen für eine Expedition könnten kaum aufwändiger sein. Auf der Reise selbst sind es die unzähligen und vielfältigen Reize, die auf die HSP einströmen und verkraftet werden müssen. Oft kommen sie aus einem erhöhten nervlichen Erregungszustand gar nicht mehr ganz heraus, nicht gerade das, was als Erholung bezeichnet werden kann. Am Zielort kann vieles die Urlaubsfreuden trüben: eine unschöne Umgebung, die so gar nicht den attraktiven Fotos entspricht, die man vorher gesehen hatte; unsaubere, unästhetische, dunkle Räume; schlechte Gerüche und nervige Geräuschquellen (Straßenlärm, das Rauschen von Gebläsen aller Art, ein hellhöriges Hotelgebäude, laute Zimmernachbarn, Lärm auf dem Hotelflur) – um nur eine Auswahl zu nennen. HSP gelingt es nun einmal kaum, über hässliche Dinge hinwegzusehen und störende Geräusche auszublenden. Andererseits vermögen sie sich außerordentlich an schönen Dingen zu erfreuen, auch an Kleinigkeiten.

Für HSP ist es häufig so, dass Urlaubsreisen zwar nicht wirklich erholsam sind, aber durchaus eine willkommene Abwechslung zum Berufsalltag darstellen und interessante und inspirierende Erlebnisse bieten.

Sich maximal zu schonen, wird nicht unbedingt die oberste Priorität haben. Denn auch HSP wollen etwas Spannendes erleben, etwas von der Welt sehen, fremde Länder und Kulturen kennenlernen, nehmen dafür vielleicht sogar die Strapazen einer Fernreise auf sich. Mit der Zeit findet jede:r Einzelne für sich heraus, welche Art zu reisen am besten gefällt. Letztlich sind die Wünsche und Vorlieben sehr individuell. Doch wie man es auch dreht und wendet, HSP brauchen einfach mehr Erholungsphasen und Alleinzeiten zwischendurch, auch auf Reisen. Dabei zeigt sich der Bedarf für zeitweiligen Rückzug oft ganz spontan.

Je nachdem, wie sich der Urlaub gestaltet, mit wem man verreist und wohin es geht, unterscheiden sich die Herausforderungen. Mit der ganzen Familie oder mit einer Reisegruppe zu verreisen, ist eine grundsätzlich andere Unternehmung, als allein oder zu zweit Urlaub zu machen. Mit mehreren anderen zu verreisen, ist oft schon wegen der erforderlichen Abstimmung vor und während der Reise anstrengend. Die harmoniebedürftigen HSP sind vielleicht so sehr darauf bedacht, dass es den anderen gut geht, dass sie sich selbst zu sehr zurücknehmen und sich in ihnen Frustration aufbaut. Dann entstehen dadurch Spannungen, genau das, was sie ja vermeiden wollten. Überdies kann für HSP das ständige Zusammensein mit anderen schnell zu viel werden.

Urlaub ist einerseits schön, andererseits auch mit Anstrengung und Stress verbunden. Wenn man sich an die schönen Orte hinbeamen könnte, wäre alles viel leichter. Das Reisen an sich empfinde ich als sehr anstrengend, gleichgültig ob mit Auto, Bus, Flugzeug oder Zug. Ich bevorzuge Ferienwohnungen und ruhige Gegenden in schönen Landschaften. Für mich sind elf Tage ideal. Das empfinde ich als nicht zu lang und nicht zu kurz. Und am liebsten immer ein anderes Ziel. Im Urlaub möchte ich gerne was Neues sehen, das Altbekannte habe ich ja zu Hause. Wenn ich eine Woche frei habe, kann ich auch die Zeit zu Hause genießen und muss nicht zwangsläufig verreisen. (Evi)

Urlaub ist für mich positiv besetzt, da ich dann in aller Regel tiefenentspannt bin. Alle Alltagspflichten lasse ich hinter mir und genieße die Auszeit. Dingen, die mich zu Hause enervieren würden, begegne ich mit großer Gelassenheit. Spannungen im Vorfeld, weil sich mein Partner nicht in die Planung einbringt, sind dann vergessen. Leider hält diese wunderbare Gelassenheit der Seele dem Alltag nicht lange stand. Umso mehr genieße ich den urlaubsbedingten Zustand. (Birgit)

Auf meinen Urlaub freue ich mich ab dem Zeitpunkt, an dem ich ihn plane. Tücken gibt es allerdings auch. Mir ist ein ruhiger Schlafplatz mit viel Raum um mich herum wichtig, z. B. ein großes Bett in einem möglichst großen, luftigen Zimmer. Das ist aber nicht immer möglich. Ich brauche regelmäßige Zeiten, in denen ich mich zurückziehe. Im Urlaub ist das oft schwieriger. Da ich sehr geräuschempfindlich bin, sind die Nächte nicht immer so entspannend. Deshalb sind Ohrstöpsel immer im Gepäck.

Konflikte gibt es, wenn man sich nicht einigen kann. Die Kinder wollen an den Strand, mein Mann und ich wollen eine Stadt besichtigen ... Auch beim Essen ist es nicht immer einfach, die Vorlieben aller Familienmitglieder unter einen Hut zu bringen. (Svenja)

Was für Sie hilfreich sein kann

„Jeder muss wissen, worauf er bei einer Reise zu sehen hat und was seine Sache ist."

Johann Wolfgang von Goethe (1749 – 1832)

Treffen Sie eine stimmige Wahl!

Was sind Ihre besonderen Anforderungen an einen Urlaub? Was für ein Urlaub tut Ihnen als HSP gut? Welche Reiseziele: nah / fern, Inland / Ausland, Städte / Landschaften, Meer / Berge? Mit welchem Verkehrsmittel: Auto / Bus / Bahn / Flugzeug / Schiff …? Welche Unterkunft: Hotel / Clubanlage / Ferienwohnung / Zelt / Wohnwagen / Wohnmobil? Welche Lage der Unterkunft: zentral oder außerhalb? Welche Art von Reise: an einen Ort oder Rundreise, Pauschalurlaub oder individuell geplant, allein, zu zweit oder zu mehreren? Mit wem? Wie lang? Lieber ein längerer Urlaub im Jahr oder mehrere kurze?

> *Rundreisen empfinde ich eher als anstrengend, ich halte mich lieber die ganze Zeit an einem Ort auf. Ich fahre auch gern mehrfach an den gleichen Ort. Bevorzugt fahre ich mit meinem Mann und meinen Kindern in den Urlaub. Schwierige Konstellationen waren Urlaube mit Freunden, die andere Erwartungen an den Urlaub hatten, z. B. alles gemeinsam machen wollten. In den Pfingstferien geht es nach Ägypten in den Tauchurlaub, in eine weitläufige Hotelanlage am Roten Meer. (Svenja)*

> *Da ich vielseitig interessiert bin, habe ich Freude an Städtetouren ebenso wie an drei Wochen Auszeit auf einer kleinen naturbelassenen Insel in der Nordsee oder an einer Woche Wandern in den Bergen. (Birgit)*

> *Am liebsten reise ich mit dem Zelt oder mit dem Camper. Meist fahre ich mit meinem Mann in den Urlaub, mache jedoch auch ab und zu allein Urlaub. Was leider gar nicht geht, ist, dass wir mit anderen verreisen. Das stresst mich sehr, auch wenn es angenehme Menschen sind. Möglicherweise bin ich im Urlaub weniger kompromissbereit, will mich nicht auf andere einstellen. Mein Mann und ich ticken ähnlich, suchen jeder auch mal Rückzug, sodass wir gut auch zusammen entspannen können. (Julika)*

Wir mieten grundsätzlich eine Ferienwohnung, da mein Mann und ich immer getrennt schlafen (Thema Schnarchen), ein Hotel ist außerdem finanziell nicht machbar, zumal wir mit Schulkindern immer zur teuersten Zeit unterwegs sind. Wir lieben es, unabhängig zu sein, und kochen auch gern, mit dem Nachteil, dass wie zu Hause eingekauft werden muss. (Claudia)

Urlaub: am liebsten zu zweit mit Partnerin, lieber mit dem Auto als mit Zug oder Flugzeug, weil man mehr für sich ist. Am liebsten im Hotel, weil man da keinen Versorgungsstress hat. Gerne wieder wohin, wo es sich schon bewährt hat, aber nicht zwingend immer. Abenteuer brauch ich nicht, als HSP hab ich genug innere Abenteuer. Insofern keine exotischen Ziele. Mindestens so wichtig wie das Urlaubsziel ist für mich die Begleitung, die Unterbringung, dass es entspannt zugeht, keine Massen unterwegs sind und natürlich das Wetter. (Christoph)

Wichtig sind mir: Unterkünfte mit Blick, Almen mit Bergblick, Sommerunterkünfte mit Meerblick oder zumindest etwas Weitsicht. Fenster, aus denen ich den Himmel sehen kann, wenn ich aufwache. Viel Platz um mich rum, sei es am Strand, im Ferienhaus, im Hotel, in der Pension etc.

Letztens war ich in einem ganz tollen Hotel, in dem es praktisch keine Deko gab. Die Architektur war auch sehr schlicht mit klaren Achsen. Das fand ich super und allein deshalb sehr erholsam! Unverhandelbar ist inzwischen, egal wohin wir länger ans Meer fahren: die Westküste, weil ich den Sonnenuntergang über dem Meer so sehr mag. Das Spektakel schau ich mir dann auch täglich an! (Caroline)

Planen Sie vorausschauend!

Das dürfte Ihnen als HSP liegen: die besonnene Reisevorbereitung. Als HSP sind Sie typischerweise die-/derjenige, die/der den Überblick hat und an die vielen Kleinigkeiten denkt, die zu tun sind, und die Fäden in der Hand hält. Darin liegt schließlich eine große Stärke von HSP.

Haben Sie schon von „Mental Load" gehört? Das meint die Belastung, die durch das Organisieren einer ganzen Reihe von Alltagsaufgaben entsteht, die häufig als nicht der Rede wert erachtet werden. Wenn schon die Mental Load auch bezüglich der Urlaubsvorbereitung bei Ihnen liegt, müssen Sie nicht selbst alle Erledigungen selbst ausführen. Will sagen: Delegieren Sie Aufgaben!

> *Was mir wichtig ist: nicht zu viele Termine bis zum letzten Tag vor der Reise, Listen zum Abhaken für To-dos und das, was mitzunehmen ist (im PC gespeichert und immer weiter überarbeitet), ausgeruht in den Reisetag starten, gute Organisation der Reiseroute, bei Bahnreisen ausreichend Puffer beim Umsteigen. Vorher Infos über das Reiseziel lesen. Nach dem Urlaub nicht zu schnell wieder in den Alltag starten. (Heike)*

Machen Sie auch mal Urlaub ganz für sich allein!

Falls Sie im Alltag familiär sehr eingespannt sind und / oder sonst viel mit Menschen zu tun haben, machen Sie nicht nur Familienurlaub, sondern verreisen Sie auch mal ganz allein, und sei es nur für einige Tage.

> *Urlaub mit der Familie ist für mich im jetzigen Lebensabschnitt (meine beiden Kinder sind 12 und 16 Jahre alt) immer mit immensem Stress verbunden, leider ... Es ist ein ständiges Aushandeln unterschiedlicher Bedürfnisse. Mich stressen die vielen Absprachen, die jeden Tag getroffen werden müssen, um jedem gerecht zu werden. Ich komme daher nie wirklich zur Ruhe. Wir verreisen auch allein, aktuell ist mein Mann auf dem Weg nach Schottland, ich werde im August für einige Tage mit einer Freundin ins Kleinwalsertal fahren. (Claudia)*

Packen Sie die Reisetage nicht zu voll!

Machen Sie Zwischenstopps bei einer langen Anreise zum Urlaubsort, damit Sie nicht völlig k.o. ankommen. Bei allem Erlebnishunger: Gönnen Sie sich zwischendurch auch ruhige Stunden oder Tage. Lassen Sie die anderen in der Familie auch mal einen Ausflug allein unternehmen und gönnen Sie sich derweil einige Stunden ganz für sich und ganz nach Ihrem Geschmack. Oder ziehen Sie mal allein los.

Nehmen Sie Mehrkosten in Kauf!

Überlegen Sie es sich gut, ob Sie sich bei einer Gruppenreise wirklich ein Zimmer teilen wollen oder doch lieber den Aufpreis für ein Einzelzimmer zahlen, um ungestörten Schlaf zu finden – die Voraussetzung dafür, die Urlaubstage genießen zu können. Das gilt auch für Reisen mit einem schnarchenden Partner: Lieber noch ein extra Zimmer dazu buchen oder gleich eine Ferienwohnung mit mehreren Schlafzimmern bzw. einer Schlafmöglichkeit im Wohnraum nehmen.

Erwarten Sie von einer Reise nicht unbedingt Erholung!

Muss eine Urlaubsreise für Sie erholsam sein oder ist es Ihnen wichtiger, etwas Interessantes zu erleben, gewohnte Routinen zu verlassen? Zeit mit der Familie zu verbringen? Vielleicht hilft es, wenn Sie nach der Rückkehr noch ein oder zwei freie Tage zur Erholung einplanen, bevor Sie wieder arbeiten gehen.

Erwarten Sie nicht zu viel vom Urlaub!

Häufig richten sich sehr hohe Erwartungen an einen Urlaub. Der Urlaub soll es richten, soll die Arbeitskraft wiederherstellen, Freude ins Leben bringen. Wie realistisch sind diese Erwartungen? Wie viel Ausgleich können Urlaubstage und -wochen bringen? Sollten Sie sich ganz oft urlaubsreif fühlen, stehen womöglich erleichternde Veränderungen des Alltags an, zum Beispiel eine andere Aufteilung der Pflichten oder eine Reduzierung der Arbeitszeit oder das Beleben von Hobbys.

> **IMPULS: Gestalten Sie Urlaube nach Ihren Bedürfnissen!**
>
> Urlaubsreisen sind für die reizempfindlichen HSP nicht immer eine ungetrübte Freude und oftmals auch nur bedingt erholsam. Eher bietet ihnen Urlaub Tapetenwechsel, neue Eindrücke, inspirierende Erlebnisse, Entdeckungen und Abenteuer. Was okay sein kann, wenn anschließend noch freie Tage zu Hause eingeplant sind. Dennoch gilt es, eine zu große nervliche Überreizung möglichst zu vermeiden bzw. durch Ruhepausen einigermaßen auszugleichen. HSP sollten gut auf die individuellen Faktoren achten, die ihren Erkenntnissen zufolge für eine positive Urlaubserfahrung vonnöten sind.

12. Einfühlungsvermögen

„Takt ist kultivierte Empathie."
Gjergj Perluca (*1944)

Zu den hervorstechenden Charakteristika von HSP gehört ihre Empathie, das heißt, die Bereitschaft und Fähigkeit, die Emotionen, Gedanken, Motive, Einstellungen, Vorstellungen und Persönlichkeitsmerkmale anderer Menschen zu erfassen, zu verstehen und nachzuempfinden. Diese Fähigkeit steht in engem Zusammenhang mit der feinen Wahrnehmung (Signale aufnehmen über Mimik, Gestik, Körperhaltung, Auftreten, Sprechweise, Stimme), der gedanklichen Wendigkeit (andere Perspektiven einnehmen), dem Erinnerungsvermögen (Parallelen zu vergangenen Erfahrungen ziehen), der intensiven Emotionalität und der hohen Resonanzbereitschaft (mit anderen gefühlsmäßig mitschwingen).

Das ausgeprägte Einfühlungsvermögen ist eine wertvolle Stärke, bringt aber auch Fallstricke mit sich. HSP haben in der Regel eine hohe natürliche Bereitschaft, den Blick auf andere Menschen zu richten, anderen verständnisvoll zuzuhören, sich in deren Lage zu versetzen, auf sie einzugehen und zu ihrem Wohlergehen beizutragen. HSP berichten, dass sie das auch wirklich gerne tun, nur oft den Punkt verpassen, an dem sie sagen müssten, dass es ihnen zu viel wird, und sich eigentlich zurückziehen müssten, um sich wieder auf sich selbst zu besinnen. (Siehe dazu auch das Kapitel 14 „Nein-Sagen".)

> *Ich erinnere mich an eine Situation in der Schulklasse meiner Erstklässler. Ein Junge fing plötzlich zu weinen an und meine Kollegin sah mich irritiert an, da sie sich das plötzliche Weinen nicht erklären konnte. In der Situation war die Empathie hilfreich, da ich mitbekommen hatte, was bei dem Jungen gerade los war. Der Junge hatte sich übergangen gefühlt. (Evi)*

> *Ich halte mich für ausgeprägt empathisch. Wenn jemand traurig ist und möglicherweise sogar weint, kullern bei mir meistens auch ein paar Tränen. Auf meine Beziehungen wirkt sich das positiv aus, da sich die Menschen in meinem Umkreis von mir verstanden fühlen. Herausfordernd wird es bei negativen Gefühlen bei Menschen, die mir besonders nahe stehen. Hier leide ich mit und bin nicht mehr so gut in der Lage zu helfen. Im Lauf der Zeit habe ich gelernt, das zu akzeptieren und mir in besonders herausfordernden Situationen, z. B., wenn es einem meiner Kinder schlecht geht, Hilfe von außen zu holen. (Svenja)*

HSP gelingt es verhältnismäßig leicht, in Verbindung mit anderen Menschen zu kommen und tiefergehende Beziehungen aufzubauen und zu pflegen. Einfühlung, Verständnis und Hilfsbereitschaft sind geschätzte Qualitäten, sei es im privaten oder im beruflichen Bereich. Wer anderen aufmerksames, aufrichtiges Interesse entgegenbringt und auf sein Gegenüber eingeht, wirkt sympathisch und vertrauenswürdig. Manche HSP erzählen, dass ihnen sogar von Menschen, die sie nicht näher kennen, eine Menge Persönliches anvertraut wird. Das erfordert Abgrenzungsstrategien, falls es nicht willkommen ist.

> *Empathie ist tatsächlich eine meiner ganz großen Stärken, die auch den Erfolg in meinem sozialen Beruf mit begründet hat. Ich kann in Sekundenschnelle erfassen, wie es einem Menschen geht, oftmals bevor er es selber spürt. Und als sehr empathischer Mensch werde ich immer wieder zur Vertrauensperson, nicht nur für meine Freunde. Häufig werden mir Geheimnisse anvertraut, werde ich um Rat gefragt. Mit der Empathie mir selbst gegenüber ist das so eine Sache ... Da darf ich weiterhin dazulernen ... (Katinka)*

> *Da ich Freude im Umgang mit anderen Menschen habe, betrachte ich meine ausgeprägte Empathiefähigkeit als Vorteil. Es interessiert mich, was andere Menschen denken und fühlen oder erlebt haben. Dass mir unbekannte Menschen sehr Persönliches so en passant anvertrauen, ist mir schon mehrfach passiert. Ich nehme das immer mit viel Interesse auf, habe eine Abgrenzung eher nicht nötig. Notorisch schlecht gelaunten Menschen gehe gerne ich aus dem Weg. (Birgit)*

Nicht nur bemerken und erfühlen HSP schnell die Verfassung und Gefühlslage von anderen Personen in ihrer Umgebung, oft übernehmen sie im Nu deren Stimmung. Gute Laune steckt an, schlechte ebenso. Dann verschwimmt die Grenze zwischen innen und außen. Das Bewahren der emotionalen Autonomie und emotionale Abgrenzung fallen immer wieder schwer. (Siehe dazu auch das Kapitel 13 „Emotionale Abgrenzung".)

> *Wenn jemand den Raum betritt, fühle ich, wie es ihm oder ihr geht. Das wirkt sich unmittelbar auf mein Befinden aus. Ich schwinge mit und meine Emotionen passen sich denen des anderen an. Dabei fühle ich mich sehr unwohl, gerade bei negativen Emotionen. Was mir sehr zu schaffen macht, ist, dass diese Gefühle über den Kontakt hinaus weiter nachwirken. (Julika)*

Wenn andere leiden, sind HSP in Mitleidenschaft gezogen. Auf dem Umweg, sich um das Wohl anderer zu kümmern, sorgen HSP mehr oder weniger bewusst auch für ihr eigenes Wohl. Geht es den anderen wieder besser, lässt die belastende Wirkung des Leids anderer auf sie selbst nach und es kann ihnen auch selbst wieder besser gehen. Das kann sehr anstrengend werden und ist oftmals noch nicht einmal erfolgreich, weil man anderen ja nur bedingt helfen kann.

Eine weitere Tücke der Empathiebegabung sehe ich darin, dass HSP ihr Einfühlungsvermögen gelegentlich überschätzen und meinen, Befindlichkeiten, Gefühle, Bedürfnisse und Erwartungen anderer genauestens zu erspüren und womöglich auch noch bestens zu wissen, was gut und richtig für diejenigen wäre. Dabei berufen sie sich auf ihre hohe Trefferquote und versäumen es mitunter, ihre Annahmen ausreichend infrage zu stellen sowie die eigene Subjektivität und Fehlbarkeit zu erkennen.

Ein durchaus problematischer Punkt im Miteinander ist dabei: Menschen mögen es nicht, wenn man sie unaufgefordert studiert, analysiert, diagnostiziert, interpretiert und wenn man ihnen etwas „andichtet". Verständlicherweise. Einem anderen mit Bestimmtheit zu sagen, was ihm oder ihr fehlt, oder das vermeintlich Notwendige gar ohne Rückfrage einfach zu tun, kann anmaßend bzw. überfürsorglich sein und hat unter Umständen etwas Grenzverletzendes. Das Gesagte gilt auch für Fälle, in denen die Annahmen (weitgehend) stimmen, bei der betreffenden Person die entsprechende Selbsterkenntnis aber (noch) nicht gegeben ist. So erklärt sich auch manche ablehnende, „uneinsichtige" und „undankbare" Reaktion seitens der Mitmenschen.

Was für Sie hilfreich sein kann

Begrenzen Sie Ihre Bemühungen!

Liegen bei Ihnen Empathie und Verantwortungsgefühl sehr nah beieinander? Neigen Sie dazu, Ihren Verantwortungs- und Zuständigkeitsbereich sehr weit auszudehnen? Wenn dem so ist, prüfen Sie mit wachem Verstand, wie weit Ihre Verantwortung und Ihre Zuständigkeit wirklich gehen, und korrigieren Sie gegebenenfalls Ihr Verhalten. Vom Grundsatz her gilt: Lassen Sie Ihrem Gegenüber die Verantwortung für seine Probleme und seine Gefühlslagen.

Ja, es ist unvermeidlich, dass Sie in Ihrem Wohlbefinden ein Stück weit abhängig sind vom Wohlbefinden der Menschen in Ihrem Umfeld. Aber verausgaben Sie sich nicht dadurch, dass Sie ringsum die Probleme und die schlechten Gefühle, die die Menschen haben, zum Verschwinden bringen wollen. Prüfen Sie in jedem Einzelfall, inwieweit Sie sinnvoll unterstützen und aufheitern können. Ansonsten schauen Sie, wie Sie eine gewisse innere Distanz zu den anderen wahren können, um nicht vom Gefühlserleben anderer völlig ergriffen zu werden.

> *Manchmal fühle ich mich zu sehr verantwortlich in Situationen, in denen ich spüre, dass sich Menschen nicht wohl fühlen. Ich versuche das dann manchmal aufzufangen. Das ist anstrengend. Aber man lernt ja im Laufe der Jahre dazu und es gelingt mir immer besser, mich abzugrenzen. Ich versuche dann, innezuhalten und mir darüber klar zu werden, was in meinem Verantwortungsbereich liegt und was nicht.* (Evi)

Zeigen Sie Ihre Grenzen auf!

Für Sorgen und Nöte von Familienmitgliedern, Freund:innen und Kolleg:innen ein offenes Ohr zu haben, einfühlsam zu sein und Verständnis aufzubringen, darf nicht heißen, jederzeit und unbegrenzt als Gesprächspartner, seelischer Beistand und Helfer in der Not zur Verfügung zu stehen. Denn das würde bedeuten, dass Sie sich überstrapazieren und verausgaben. Loten Sie von Fall zu Fall die Grenzen Ihrer Hilfsbereitschaft und Belastbarkeit aus und teilen Sie sich darüber ehrlich mit. Tun Sie dies, bevor Sie vorwurfsvoll denken / sagen, andere würden Sie ausnutzen.

Wahren Sie respektvoll die Grenzen anderer!

Bedenken Sie: Auch ein empathiebegabter Mensch unterliegt der Subjektivität in der Wahrnehmung und Einschätzung von anderen. Ich sehe folgende Unterscheidung: Ja, Sie spüren, dass da etwas ist. Und nein, Sie wissen nicht genau, was dahinter steckt. Es wäre ein gravierender Irrtum, Interpretationen für Wahrheiten zu halten, und es wäre ein bedauerliches Kommunikationshindernis, Ihr Gegenüber offensiv und selbstgewiss mit den vermeintlichen Wahrheiten zu konfrontieren. HSP liegen mit ihren Vermutungen häufig richtig, aber eben längst nicht immer. Ihre Einfühlung basiert letztlich auf ihren eigenen Gefühlserfahrungen und ist von ihren persönlichen Vorerfahrungen und Vorurteilen gefärbt. Vielleicht projizieren sie unbewusst und ungewollt ihr eigenes Fühlen und Wünschen auf ihr Gegenüber. Obwohl sich Menschen in ihren Basisgefühlen und -bedürfnissen gleichen, unterscheiden sie sich sehr wohl in den Details ihrer Gefühlswelt und erst recht darin, was gangbare Problemlösungen und ein geeignetes Timing sein können.

Die Empfehlung lautet demnach, unbedingt Beobachtung (wertungsfrei!) und Deutung bzw. Spekulation auseinander zu halten. Sie können gegebenenfalls mit gebotener Zurückhaltung Beobachtungen ansprechen, auch Vermutungen äußern (fragend, nicht als Feststellung!) und unaufdringlich nachfragen, was der oder die andere wirklich fühlt, braucht und wünscht.

Der positive Effekt: Ist Ihnen bewusst, dass Sie nur vermuten und nicht wissen, verhalten Sie sich automatisch achtsamer, taktvoller und respektvoller.

Halten Sie Empathie für andere und Selbstempathie in Balance!

Da der Mensch ein soziales Wesen ist, gehören Anteilnahme und Hilfsbereitschaft zum menschlichen Verhaltensrepertoire. Was wichtig und erfreulich ist. Wie bei so vielem ist es auch hier eine Frage der Balance. Erst eine Überbetonung der Fürsorge für andere, die einhergeht mit einer Vernachlässigung der Selbstfürsorge, wird problematisch. Sie führt in die Frustration und in die Erschöpfung.

Denken Sie also daran, dass Selbsteinfühlung ebenso wichtig ist wie Einfühlung in andere. Letztlich können Sie nur zugewandt, empathisch und hilfreich für andere sein, wenn Sie zuvor gut für sich gesorgt haben und bei Kräften sind. Um den Kontakt mit sich selbst nicht zu verlieren, bedarf es jeweils zur rechten Zeit einer bewussten Entscheidung und eines gewissen Aufwands, sich aus vereinnahmenden interaktiven Situationen herauszunehmen und wieder mehr sich selbst zuzuwenden. Es gilt, den eingeschliffenen Automatismus der vorrangigen Außenorientierung (falls es den gibt) zu durchbrechen, immer mal wieder innezuhalten und zu sortieren: Wie geht es mir eigentlich? Was liegt innerhalb, was außerhalb meiner Verantwortung? Was kann / will ich im Moment leisten? Welches Handeln erscheint im Hinblick auf die konkrete Situation und meine Rolle stimmig? Mit eingeübter Aufmerksamkeit können Sie ein aufkommendes Ungleichgewicht frühzeitig bemerken und rechtzeitig regulierend eingreifen.

Meine Empathie ist eventuell mal der ausschlaggebende Punkt bei der Berufswahl gewesen (ich arbeite als Krankenschwester in der Psychiatrie). Früher dachte ich, wie großartig es doch ist, mich in jeden hineinversetzen zu können, doch ich stellte mit der Zeit fest, dass ich dann total mit den Gefühlen der anderen beschäftigt war und keinen Raum mehr für mich selbst hatte. Heute empfinde ich meine Empathie weder als besonders nützlich noch als hinderlich. Ich akzeptiere sie als einen Teil von mir. Mit dem Wissen darum, eine empathische HSP zu sein, kann ich Abgrenzung lernen. Ein langer Weg, der mehr oder minder holprig verläuft und auch noch andauern wird. Mein Ziel ist es, ein Maß zu finden, das sich gesund und authentisch anfühlt. (Bea)

IMPULS: Seien Sie auch sich selbst gegenüber einfühlsam!

HSP verfügen über ein hohes Maß an Empathie, das heißt, sie können relativ gut Gedankengänge anderer Menschen nachvollziehen (wenn auch nicht Gedanken lesen), ihre Gefühle nachempfinden und sich ein Stück weit in ihre Lage hineinversetzen. Das birgt die Gefahr, sich für das Wohl anderer über Gebühr zuständig zu fühlen und zu wenig auf sich selbst zu achten. Ziel ist, die Aufmerksamkeit nicht einseitig auf die Befindlichkeiten und Bedürfnisse anderer zu richten, sondern immer wieder den Wechsel zu vollziehen und auch sich selbst Einfühlung und Fürsorge zu schenken. Im Idealfall ergibt sich in der Gesamtheit eine Ausgewogenheit zwischen dem Fokus auf andere und dem Fokus auf sich selbst.

13. | Emotionale Abgrenzung

*„Der Weg zum Glück besteht darin, sich um nichts zu sorgen,
was sich unserem Einfluss entzieht."*

Epiktet (ca. 50 – 138)

In allen HSP-Gesprächsgruppen ist die Frage aufgeworfen und diskutiert worden: „Wie kann ich mich besser emotional abgrenzen?" (So viel gleich vorweg: ohne die EINE erlösende Antwort zu finden.) Abgrenzung ist wohl eines der ganz großen Themen für HSP. Schwer fällt nicht nur das konkrete Nein-Sagen, sondern auch das Sich-Abschirmen und das Aufrechterhalten der gefühlsmäßigen Autonomie. Mit hoher Aufmerksamkeit, guter Beobachtungsgabe und ausgeprägtem Spürsinn nehmen HSP enorm viel von dem wahr, was um sie herum geschieht, und reagieren darauf, sofern das Wahrgenommene problembehaftet ist, mit emotionaler Betroffenheit. Unwillkürlich sind HSP intensiv und lang anhaltend gedanklich und emotional damit beschäftigt.

Die Mitmenschen schätzen an HSP, dass sie so viel Einfühlungsvermögen und ein offenes Ohr für Sorgen und Nöte haben. HSP werden häufig als seelischer Beistand in Anspruch genommen, mit den persönlichen (Leidens-)Geschichten oft geradezu überschüttet und so in die Gefühlswelt der anderen hineingezogen. Anteilnehmen und Mitfühlen drohen da schnell in ein Mitleiden überzugehen. Eine HSP sagte einmal, es sei ein „Mitfühlen ohne Ende".

Auch ohne, dass viel gesagt wird, bekommen HSP schnell mit, was bei anderen ist, und sind davon emotional tangiert. Aufgrund ihrer starken Berührbarkeit gehen HSP automatisch sehr in Resonanz mit den Menschen in ihrem Umfeld und können dann nicht mehr gut bei sich bleiben. Im Nu übernehmen sie schlechte Stimmungen, sind angespannt, wenn Differenzen spürbar sind, sei es in der Familie oder am Arbeitsplatz, selbst wenn sie gar nicht unmittelbar involviert sind. Ihr Harmoniebedürfnis ist groß und extrem leicht zu beeinträchtigen. Sie machen sich Probleme anderer schnell zu eigen, fühlen sich für eine Verbesserung und für die Lösungsfindung zuständig. Noch ungleich intensiver sind die Gefühle natürlich, wenn sie selbst in einem Konflikt beteiligt sind.

> *Je näher mir ein Mensch steht und je enger die räumliche Situation ist, desto schwerer fällt mir meine eigene Abgrenzung. Ich reagiere seismographisch auf Gesichtsausdruck, Stimmung, Unwohlsein des anderen. Oftmals spüre ich, was dem anderen guttun würde, bevor er es selbst merkt, und versuche, darauf einzugehen. Dies führt häufig dazu, dass ich mich ausgelaugt fühle, nicht mehr gut für mich selbst sorgen kann. Der innere Nachhall hält oft lange an, geht tief und belastet mich sehr. Um die Situation loslassen zu können, brauche ich ein klärendes Gespräch. Sollte dies mit meinem Gegenüber nicht möglich sein, wird's noch schwieriger! (Katinka)*

> *In Konfliktsituationen überrollt mich das Problem regelrecht und wirft mich gefühlsmäßig aus der Bahn. Das Gedankenkarussell lässt sich kaum abstellen. Mein Schlaf und mein Wohlbefinden sind enorm beeinträchtigt. Ich bin dann unglücklich, nicht im Lot, unruhig. (Evi)*

Schlimme Geschehnisse gehen HSP nahe und bleiben lange im Denken und Fühlen haften. Das beginnt mit persönlich erlebten Szenen, in denen es Erwachsenen, Kindern oder Tieren in irgendeiner Weise schlecht geht. Und es geht weiter mit Nachrichten, Berichten und Bildern aus aller Welt über Kriege, Katastrophen, Unglücke, Pandemien, leidende Menschen und Tiere, Ausbeutung, Armut, Krankheit, Gewalt, Tod, zerstörte Natur, Klimakrise … All das Üble erschüttert HSP, die sich sehr verbunden fühlen mit allen Kreaturen und der Natur. Angesichts von so viel Not, Elend und Ungerechtigkeit auf der Welt fühlen sie sich bedrückt, sorgenvoll und ohnmächtig.

Auch von traurigen, dramatischen und gewaltvollen fiktiven Filmen sind sie schnell ergriffen und vereinnahmt, weil sie so sehr mit den Protagonisten mitfühlen. Die schockierenden Bilder prägen sich ihnen tief ein und die entstandene Gefühlslage hallt oft lange nach.

> *Ein gewisses Maß an Empathie ist als Krankenschwester sicherlich gut, allerdings ist die Abgrenzung auch wichtig, da man sonst Gefahr läuft, selbst zu erkranken, wenn man von den Schicksalen der Patienten zu viel an sich heran lässt. Diesen Punkt habe ich in meinen bisher über 30 Berufsjahren recht gut gelöst, habe meine Strategien entwickelt, um nicht zu sehr belastet zu sein. Zum Beispiel hilft mir da die lange Fahrstrecke von zu Hause zur Arbeitsstelle und zurück, um mich jeweils umzustellen und nicht zu viel mitzunehmen. (Bea)*

Was für Sie hilfreich sein kann

Hören Sie auf, nach einer Zauberlösung zu suchen!

Ich will sagen: Es gibt die Probleme, für die es im Grunde keine richtige Lösung gibt, es sei denn, man akzeptiert diese Einsicht als Lösung.

> *Zum Thema „emotionale Abgrenzung" fällt mir keine wirkliche Lösung ein. Mein versuchter Weg ist meistens, meine Gedanken in eine andere Richtung zu lenken. Mir zu sagen, dass ich nicht verantwortlich bin für das Leben des anderen. Dass niemandem geholfen ist, wenn ich mich emotional mit runterziehen lasse. Dass ich besser bei mir bleiben sollte. Aber das Sich-Abgrenzen ist wahrlich nicht einfach. Je näher mir jemand steht, umso schwieriger. Dann kreisen leicht die Gedanken weiter um das Problem des anderen. Das kann man nicht so einfach abschalten. (Christoph)*

Folgerichtig habe auch ich keine Tipps und Tricks für Sie, wie Sie sich von emotionaler Betroffenheit und tiefem Mitfühlen vollständig befreien könnten. Die Überlegungen und Empfehlungen zielen also lediglich darauf ab, diese Tendenz einzufangen und die emotionale Beteiligung auf ein erträgliches Maß zu bringen.

Akzeptieren Sie sich als soziales Wesen!

Ich möchte Ihnen folgende Sichtweise anbieten: Sie sind ein sehender, denkender und fühlender Mensch, von Natur aus mit Empathiefähigkeit ausgestattet. Und als HSP haben Sie davon eine größere Portion abbekommen! Wie jeder Mensch sind Sie ein Gemeinschaftswesen, dem es eigen ist, sich auch um andere zu sorgen und zu kümmern. Es wäre also geradezu unmenschlich, würden Sie die Befindlichkeiten und Schicksale anderer kalt lassen. Schließlich entsteht über das gegenseitige Hinschauen, Hinhören und Hinfühlen auch wünschenswerte Verbundenheit.

> *Mein Bedürfnis nach Abgrenzung kollidiert mit meinem christlichen Weltbild. Natürlich kann ich die Welt nicht retten, trotzdem möchte ich es – zumindest vor meiner Haustüre – versuchen. Es gibt so viele Menschen, die alleine, krank oder arm oder alles zusammen sind, und ich möchte gerne etwas abgeben von meinem guten Leben. Zeit, Geld, Zuwendung, Trost. Im Rahmen meiner Möglichkeiten. Das inkludiert natürlich auch, dass ich die Augen vor den Nöten und Problemen anderer nicht verschließe. Wenn ich höre und sehe, wie schlecht es vielen Menschen geht, werde ich nicht depressiv, sondern sehr demütig und auch dankbar. Ich helfe gerne und es geht mir gut dabei, wenn ich etwas bewirken kann. (Birgit)*

Geben Sie einen Teil der Verantwortung ab!

Sie brauchen Ihren nüchternen Verstand, wenn es um das Definieren Ihrer Rolle, das Abstecken Ihres Verantwortungsbereichs und das Einschätzen von Machbarkeit geht. HSP neigen sehr dazu, sich für viel mehr verantwortlich zu fühlen, als es ihnen zukommt und scheitern dann an der selbst auferlegten zu großen Aufgabe. Dieses Zuviel will reduziert, Verantwortung zurückgegeben bzw. mit anderen geteilt werden. Selbst bei bestem Willen und größtem Engagement ist ihre Handlungsmacht begrenzt.

> *Wenn es meinem Mann oder meinen Kindern nicht gut geht, leide ich meistens selbst mit. Ich fühle mich dann manchmal wie gelähmt. Ich habe Probleme, mich auf die Arbeit zu konzentrieren und fange an zu grübeln. Mir tut es gut, mit Menschen darüber zu reden, die in einer ähnlichen Situation sind oder waren. Ich würde mich zwar als Agnostiker bezeichnen, aber was mir auch immer hilft, ist, zu einer höheren Instanz zu beten. Dadurch gebe ich meine Verantwortung ein Stück weit ab. (Svenja)*

Setzen Sie Ihrem Idealismus einen gesunden Realismus entgegen. So wichtig es ist, einen Beitrag zu leisten und den Einfluss, den man hat, durch soziales und politisches Handeln maximal geltend zu machen, so wichtig ist es auch, zu erkennen, dass es Geschehnisse, Umstände, Zustände, Entwicklungen gibt, die sich dem unmittelbaren Einfluss entziehen. Eine gewisse Ohnmacht muss wohl oder übel hingenommen werden.

Erleben Sie Ihre Stärke im Aushalten!

Wenn Sie es mit Menschen in Krisensituationen zu tun haben, bedenken Sie, dass es in manchen Fällen, zum Beispiel bei einer ernsten Erkrankung oder einem schweren Verlust, als wohltuender Beistand empfunden werden kann, wenn Sie die Not dieser Menschen aushalten können, ohne Lösungen anzubieten und ohne ihren Gefühlszustand ändern zu wollen. Ihre eigene Aufregung kann sich legen, wenn Sie erleben, wie gut Ihre bloße Anwesenheit und Anteilnahme dem leidenden Menschen tun. Wenn der Druck des Helfen-Wollens von Ihnen abfällt, können Sie zu einer ungeahnten inneren Ruhe finden, zum Fels in der Brandung werden.

Machen Sie sich bewusst: Das Problem ist nicht das Ganze!

Wechseln Sie die Perspektive, schauen Sie von weiter oben auf das Geschehen. Das, was Sie aktuell beunruhigt, ist nur ein Teil der Welt und ein Teil der ganzen „Wahrheit". Es gibt eine Menge anderer Aspekte und viele davon sind ermutigend. (Ein kleiner Tipp: Abonnieren Sie positive Nachrichten, z. B. unter ↗ https://nur-positive-nachrichten.de/, damit Ihnen auch das Erfreuliche vor Augen geführt wird.)

Beruhigen Sie sich mit Sofortmaßnahmen!

Gehen Sie einen Schritt zurück oder – besser noch – ganz aus der belastenden Situation heraus. Solange Sie weiterhin das sehen, hören, spüren, was Sie aufwühlt, wird das Ihre emotionale Erregung in Gang halten oder gar noch steigern. Innerer Abstand und Beruhigung sind oft nur durch äußere Distanz möglich. Wenn Ihre Gefühlswellen hochschlagen, helfen Sie sich mit bewährten Mitteln wie z. B.: Trinken Sie ein Glas Wasser, atmen Sie tief ein und aus, bewegen Sie sich, gehen Sie an die frische Luft, geben Sie Ihren Händen etwas zu tun. Schreiben Sie auf, was Sie belastet …

> *Was mir hilft: Gedanken aussprechen, der Austausch mit anderen, um neue Inputs und Einschätzungen zu bekommen. Mich bewusst positiven Erlebnissen zuwenden, von denen ich weiß, dass sie mir guttun, wie z. B. mit einem Tier kuscheln oder raus in die Natur gehen. (Evi)*

> *Was mir mitunter helfen kann: ein Telefonat mit einer Freundin, ein Spaziergang, meine Yoga- bzw. Meditationspraxis, ein gutes Buch, Katzen-Streicheln. (Katinka)*

> *Yoga, Spazierengehen, Wandern, Joggen oder im Winter Langlauf in der Natur unterstützen mich dabei, meine Emotionen zu regulieren. (Julika)*

Geben Sie sich Zeit!

Wenn Sie hoch emotional sind, erinnern Sie sich: Das geht vorbei. Die Intensität Ihrer Gefühle wird nachlassen. Haben Sie Geduld mit sich. Erwarten Sie nicht, dass sich Ihre Erregtheit in kurzer Zeit auflöst. Es kann einige Stunden dauern oder auch einen Nachtschlaf erfordern, bis Sie wieder (halbwegs) im Normalzustand sind.

> *Es braucht oft tagelang, bei schwerwiegenden Vorfällen auch wochenlang, bis ich wieder in eine emotionale Wohlfühlzone gelange. (Evi)*

Noch etwas: Treffen Sie keine Entscheidungen von großer Tragweite, solange Sie so aufgewühlt sind, denn Aufregung verursacht einen Tunnelblick. Kommen Sie erst wieder zur Besinnung und entscheiden Sie dann.

Wählen Sie geeignete bildliche Vorstellungen!

Bestimmte Bilder im Kopf, die Grenzen symbolisieren, können Sie bei der emotionalen Abgrenzung unterstützen. Haben Sie es schon einmal mit einer solchen Imagination probiert? Die Möglichkeiten sind unendlich und reichen von einem dichten Umhang oder einem Schutzschild über eine Glocke oder Kugel, die Sie umhüllt, bis hin zu Grenzwällen oder Mauern. Prüfen Sie die Sprachbilder auf ihre Tauglichkeit: Mauern zum Beispiel können unerwünschte Einwirkungen von außen abhalten, würden aber auch von anderen Menschen abschotten. Was könnte Sie wirkungsvoll vor Fremdeinflüssen schützen, ohne Ihnen die Verbindung zur Außenwelt zu nehmen? Ein Schirm vielleicht, den Sie bei Bedarf aufspannen und in eine bestimmte Richtung hochhalten? Eine Umgrenzung mit einem Tor, das Sie nach Belieben öffnen, um willkommene Menschen zu sich hereinzulassen oder um selbst nach draußen zu gehen, nette Leute zu treffen und die Welt zu erkunden?

Sagen Sie, wenn es Ihnen zu viel wird!

Lassen Sie sich nicht grenzenlos in Anspruch nehmen. Sprechen Sie es in ruhiger, respektvoller Weise und ohne Vorwürfe an, sobald Sie sich von einem Problemgespräch überfordert fühlen und es deshalb nicht führen bzw. nicht weiterführen möchten. Hier als Anregung mögliche Sätze: „Halt mal. Du würdest jetzt wohl gern (weiter) mit mir über XY sprechen, aber ich merke, dass das für mich nicht (mehr) passt, weil ich an meine Grenzen stoße." „Das Thema wühlt mich selbst so auf, dass ich mich aus dem Gespräch zurückziehen möchte." „Es tut mir leid, aber ich habe mit mir selbst zu kämpfen und fühle mich nicht belastbar genug, um mich mit dem Problem XY zu beschäftigen." Machen Sie Unterschiede: Bei Menschen, die Ihnen nahestehen und wichtig sind, werden Sie Gespräche gegebenenfalls begrenzen, den Gesprächswunsch wahrscheinlich aber nicht ganz abschlagen. Bekannten werden Sie viel eher Einhalt gebieten.

> *Ich versuche, Kontakte, die mir nicht guttun, auf das Nötigste zu reduzieren und räumlichen Abstand zu schaffen. Im beruflichen Bereich ist das beispielsweise, in einem anderen Raum oder manchmal im Homeoffice zu arbeiten. Im privaten Bereich hat sich in den letzten Jahren mein Freundeskreis verändert. Ich stellte fest, dass ich Freunde hatte, die wie kleine „Energievampire" waren. Nach den Treffen mit ihnen fühlte ich mich leer und elend. Es fanden keine dialogischen Gespräche statt, ich war lediglich für ihre Bedürfnisse und Emotionen da. Zur Reflexion lese ich immer wieder entsprechende Bücher, z. B. das von John Strelecky „Was ich gelernt habe. Erkenntnisse für ein glückliches Leben". Daraus habe ich die Erkenntnis: „Ein gutes Gespräch beruht auf Ausgewogenheit." (Julika)*

> *Ich empfinde es als unangenehm, wenn ich das Gefühl habe, dass Leute, die mir gar nicht so nahestehen, nur ihren seelischen „Müll" bei mir abladen wollen. Wenn das so ist, sage ich der Person, dass ich den Eindruck habe, dass es ihr nicht gut geht, und dass mir das leid tut. Und ich sage, dass ich aber nicht helfen kann, dass mich das Reden über ihre Probleme belastet. Ich schlage vor, dass sie sich eventuell jemand anderen suchen könnte, mit dem sie besser darüber reden kann. Wenn all das nichts nützt, gehe ich auf Abstand. Im schlimmsten Fall breche ich den Kontakt ab. (Svenja)*

Machen Sie sich bewusst: Sie sind nicht Ihr Gefühlszustand!

Als HSP sind Sie ein Mensch, der intensive, manches Mal auch überwältigende Gefühle hat, die auch relativ lange andauern. Aber identifizieren Sie sich bitte nicht vollständig mit Ihrem momentanen Gefühlszustand. Sie sind viel mehr als das. Und Sie sind nicht ganz und gar betroffen. Eine Frau sagte mir, ihr helfe die Vorstellung, dass es da eine tiefere Ebene in ihr gebe, die nicht aufgewirbelt sei, auf der tiefe Ruhe herrsche.

Bringen Sie sich in eine andere Gefühlslage!

Man will schmerzliche Gefühle nicht einfach unterdrücken, will ihnen gebührend Raum geben, sie aber andererseits auch nicht ausufern lassen. Versuchen Sie es einmal damit, sich einem Tun zuzuwenden, von dem Sie aus Erfahrung wissen, dass es Sie in positiver Weise emotional berührt und ausfüllt. Suchen Sie die Gesellschaft einer vertrauten Person, vielleicht sogar, ohne über das zu reden, was Sie belastet. Das Zusammensein mit jemandem, der Ruhe ausstrahlt, kann sie selbst wieder ruhiger werden lassen. Jemand beschrieb es einmal so, dass auf diese Weise eine negative zwischenmenschliche Erfahrung mit einer positiven Erfahrung ausgeglichen wird. Suchen Sie die Nähe eines geliebten Haustiers. Widmen Sie sich einem Hobby. Hören Sie Ihre Lieblingsmusik, schauen Sie sich schöne Fotos an oder einen erbaulichen Film. Vergegenwärtigen Sie sich schöne Erinnerungen oder schmieden Sie Pläne, die Sie mit Vorfreude erfüllen.

Halten Sie eine Mediendiät!

Im Buch *Wenn die Welt aus den Fugen gerät – Wie wir persönliche Krisen bewältigen und überwinden* (2012) des Krisenpsychologen und Traumaexperten Georg Pieper habe ich Einschätzungen und Empfehlungen bezüglich des Mediengebrauchs gefunden, die mir zu hundert Prozent einleuchten und die ich an dieser Stelle gern in Auszügen an Sie weitergeben möchte.

Durch unseren heute üblichen Medienkonsum sind wir täglich von morgens bis abends mit Problemen, Gefahren und menschlichem Leid überall auf der Welt konfrontiert. Erschreckende und bedrohliche Bilder und Berichte, die auf Sensation und Quoten abzielen, setzen sich in unserem Kopf fest, arbeiten in uns weiter, irritieren, verunsichern und ängstigen uns. Pieper: „Diese Dauerberieselung führt dazu, dass wir ‚gefühlt' den Eindruck haben, die Welt werde immer schlimmer, das Elend immer größer. Statistisch gesehen haben weder Gewalttaten noch schwere Unglücke zugenommen, wohl aber die Berichterstattung darüber."

Pieper plädiert dafür, dass wir Abstand bewahren und uns in eher sachlicher Weise mit dem Weltgeschehen auseinandersetzen. Dabei will er keinen Egoismus und keine Ignoranz propagieren, sondern vielmehr dazu anregen, sich von schlimmen und belastenden Dingen, die wir nicht beeinflussen können, fernzuhalten und die eigenen Kräfte sinnvoll und effektiv einzusetzen. Pieper: „Es ist für unsere Psyche nicht gut, sich jedes Problem aufzuhalsen und zu eigen zu machen. Dabei verbraucht man zu schnell seine Kräfte, die einem dann bei der Bewältigung einer eigenen Krise fehlen. Wir müssen also ein richtiges Maß finden zwischen den Dingen, bei denen sich ein Engagement lohnt, und denen, bei denen dies von vornherein verlorene Liebesmüh ist."

Pieper macht deutlich, dass es niemandem nützt, sich den unentwegten Nachrichten mit immer neuen schrecklichen Bildern und Einzelheiten über Unglücke auszusetzen, und fragt: „Müssen wir wirklich wissen, ob in einer Bergregion im Kaukasus ein Bus mit 25 Insassen abgestürzt ist und nur fünf überlebt haben? Ändert es etwas an der Situation der bedauernswerten Opfer oder an unserer eigenen? Das Einzige, was wirklich dadurch tangiert wird, ist unser Sicherheitsgefühl."

Ich würde mir wünschen, dass ich mich bei schlechter Laune oder Traurigkeit von Familienmitgliedern und Freunden besser abgrenzen kann. Aber noch mehr würde ich mir wünschen, dass mich Zeitungsartikel, TV-Sendungen oder andere öffentliche Beiträge nicht so mitnehmen. Oft trifft es mich total unvorbereitet, obwohl ich ja weiß, dass ich sehr emotional reagiere. Nicht nur bei schlimmen Ereignissen, auch Glück, Freude oder emotionale Bewegtheit anderer lässt mich häufig mehr fühlen als guttut. Tränen und / oder ein Schweregefühl sind dann die Folge. Wie lange das anhält, ist sehr unterschiedlich. Innerhalb der Familie ist es oft so, dass erst bei dem anderen wieder die Sonne scheinen muss, bis es auch mir besser geht. Bei Dingen im Außen ist alles dabei, von wenigen Augenblicken bis über Tage oder immer mal wieder. Insgesamt ist es aber schon besser geworden, seitdem ich vieles, von dem ich weiß, dass es mir schaden könnte, reduziere. Nachrichten, Dokumentationen, Zeitungs- und Internetartikel konsumiere ich nur noch in den Maßen, wie ich es mir zutraue. (Bea)

IMPULS: Regulieren Sie den inneren und äußeren Abstand!

Da der Mensch ein soziales Wesen ist, gehören Einfühlung und Anteilnahme zu seiner Natur. HSP sind besonders intensiv fühlend und mitfühlend. Entsprechend geht es ihnen sehr nahe und lange nach, wenn es anderen Menschen schlecht geht und wenn anderen etwas Schlimmes widerfährt. Das Mitfühlen, das schnell zum Mitleiden wird, erstreckt sich auf alle Lebewesen und die Umwelt.

Damit eine emotionale Entlastung gelingen kann, braucht es die bewusste Selbstklärung darüber, wie weit die eigene Verantwortung wirklich reicht, und dann das Abgeben von übermäßig übernommener Verantwortung.

Um nicht in aufgewühlten oder trübsinnigen Gefühlszuständen zu versinken, sollten HSP sich nur sehr maßvoll Eindrücken aussetzen, die sie mit Leid konfrontieren. Dies betrifft reale Situationen ebenso wie Bilder und Filmberichte über Missstände, Unglücke und Katastrophen in den Medien. Dabei ist eine gewisse Distanzierung von anderen Schicksalen keineswegs gleichzusetzen mit einer kaltherzigen Gleichgültigkeit. HSP können sehr wohl informiert bleiben, sich in helfender Weise engagieren, die Welt durch ihren persönlichen Beitrag ein Stückchen besser machen. Umso effektiver, je mehr sie bei Kräften bleiben.

14. | Nein sagen

„Ein Nein aus tiefster Überzeugung ist besser und größer als ein Ja,
das nur gesagt wird, um zu gefallen oder um Schwierigkeiten zu vermeiden."

Mahatma Gandhi (1869–1948)

Die Frage „Wie kann ich es schaffen, öfter Nein zu sagen?" ist regelmäßig ganz vorne mit dabei, wenn wir in den HSP-Gruppen Themen sammeln. Diejenigen, die diese Fragen stellen, möchten selbstverständlicher und selbstsicherer die eigenen Interessen vertreten, nicht länger Nettsein vor Echtsein stellen.

Vielfach wird es so gesehen, als ob Hilfsbereitschaft und Anpassungsbereitschaft einem Ignorieren der eigenen Bedürfnisse gleichkämen. Ich weise dann darauf hin, dass es ebenfalls eigene Bedürfnisse erfüllt (wenn auch andere), wenn man den Beziehungsfrieden erhalten und für andere da sein möchte. Laut Marshall Rosenberg (1935–2015), dem Begründer der Gewaltfreien Kommunikation (GFK), ist das Bemühen, zum Wohlergehen anderer beizutragen, ein wichtiges, zutiefst menschliches Bedürfnis. Ungut wird es nur, wenn eine beträchtliche Schieflage entsteht, manche wichtigen eigenen Bedürfnisse ins Hintertreffen geraten, Anpassung viel mehr gelebt wird als Abgrenzung. Ebenso ungut wäre es jedoch auch umgekehrt, würde man sich egoistisch und rücksichtslos einseitig um eigene

Bedürfnisse und Wünsche kümmern und die anderer ignorieren. Schauen wir uns einmal die widerstreitenden Seiten näher an.

Was für (mehr) Abgrenzung spricht: HSP sind in verhältnismäßig engen Grenzen belastbar, müssen sich also sehr gut überlegen, wofür sie ihre Kräfte einsetzen. Wollen sie eigene Projekte voranbringen und ihre ureigenen Ziele verfolgen, müssen sie ihre Aufmerksamkeit und ihre Energien einigermaßen darauf fokussieren. Ein Nein anderen gegenüber kann insofern als ein Ja zu sich selbst aufgefasst werden. Ein weiteres Argument: Ein rechtzeitiges Nein beugt einem inneren Groll vor, der sich sonst womöglich irgendwann in einem destruktiven Wutausbruch entladen oder im Untergrund beziehungszersetzend wirken würde. Wer sich scheut, offen und klar die eigene Meinung zu vertreten und Grenzen zu setzen, entzieht sich bewusst oder unbewusst auf andere Weise, indem er innerlich auf Distanz geht, sich verschließt, unterschwellig aggressiv wird, z. B. über sarkastische Sticheleien.

Was für (mehr) Anpassung spricht: Menschen sind Gemeinschaftswesen mit sozialen Bedürfnissen wie Anerkennung, Verbundenheit und Zugehörigkeit. Und diese Bedürfnisse werden am ehesten in harmonischen Beziehungen erfüllt. HSP wissen instinktiv, wie sehr Ärger und Kritik sie verletzen und beunruhigen, daher sind sie bemüht, durch ihr Verhalten möglichst keinen Anlass dafür zu geben. HSP haben ein feines Gespür für die Gefühlslagen und Erwartungen ihrer Mitmenschen und werden zudem in ihrem eigenen Befinden stark vom Befinden der Menschen in ihrer Umgebung beeinflusst. Sie fühlen sich sehr betroffen von deren Enttäuschung oder Frustration. So liegt es nahe, dass sie versuchen, diese Menschen zufriedenzustellen, weil deren Zufriedenheit positiv auf sie zurückwirkt. Des Weiteren sind HSP sehr werteorientiert, und Hilfsbereitschaft rangiert unter ihren wesentlichen handlungsleitenden Werten. Eine Verhaltensänderung hin zu mehr Abgrenzung darf all diese Aspekte nicht unberücksichtigt lassen.

Einen sehr praxistauglichen Ansatz finde ich in dem Modell des Werte- und Entwicklungsquadrats von Friedemann Schulz von Thun. Der wesentliche Gedanke dabei ist, dass jede „Tugend" in der Übertreibung und ohne die ausgleichende Wirkung einer sogenannten „Schwestertugend" leicht in eine „Untugend" abrutschen kann. Die Übersteigerung wäre sozusagen „des Guten zu viel". Schulz von Thun sagt im Buch *Kommunikation als Lebenskunst* (Pörksen & Schulz von Thun, 2014): „Jede Tugend, jedes Ideal, jede menschliche Qualität, eben jeder Wert kann nur dann für das Leben konstruktiv werden, wenn er sich in einer Balance zu einer komplementären ‚Schwestertugend' befindet."

Abgrenzung und Anpassung können als solche sich ergänzenden „Schwestertugenden" gesehen werden. Die Qualität Abgrenzung (Ich-Betonung) erfährt einen Ausgleich durch die Qualität Anpassung (Du-Betonung) und umgekehrt. Ideal ist das flexible Gleichgewicht zwischen den beiden Qualitäten. In der Integration beider Qualitäten finden sowohl das Ich als auch das Du Beachtung, was ein gedeihliches Wir ermöglicht. Das Entwicklungsziel ist also, moderate selbstfürsorgliche Abgrenzung und moderate einfühlsame Hilfsbereitschaft in eine gute Verbindung zu bringen.

Sich verstärkt abzugrenzen erfordert eine Auseinandersetzung mit Unsicherheiten: Kränke ich andere? Gerate ich in unangenehme Konflikte? Verliere ich die Anerkennung? Werde ich abgelehnt? Gefährde ich die Beziehung? Wer als Kind und Heranwachsender häufig Grenzverletzungen erfahren hat und dagegen nichts auszurichten vermochte, muss als Erwachsener erst ein Gefühl dafür entwickeln, dass er ein Recht auf Grenzen hat. Allen Ängsten zum Trotz kann man es lernen, die eigenen Grenzen zu schützen und öfter Nein zu sagen. Die Motivation für eine Veränderung erwächst aus der zuversichtlichen Annahme, dass mit dem neuen Verhalten letztlich eine deutliche Verbesserung im Leben zu erreichen ist. Erste positive Erfahrungen liefern dann den Antrieb, dranzubleiben und neue Gewohnheiten zu etablieren. Mit der Zeit wird ein Handeln, das Selbstschutz und Selbstfürsorge gewährleistet, immer selbstverständlicher. Und manches Mal wird man erstaunt sein, wie problemlos eine überzeugte und überzeugende Abgrenzung aufgenommen wird und wie viel mehr Respekt man erfährt.

Nein sagen fällt mir sehr, sehr schwer. Oft denk ich mir: Ach egal, mach ich schnell, obwohl ich nicht mag. Ist leichter als Nein zu sagen. Manchmal dehne ich auch die Wahrheit. Keine schöne Strategie, kann aber hilfreich sein, weil konfliktlos. Bei guten Freunden und Familie geht es schon eher, aber immer mit ganz schlechtem Gewissen, viel Erklärung und Rechtfertigung. Dabei erwarte ich ja von anderen, dass sie ehrlich Nein sagen. Und ich betone es deshalb immer sehr, wenn ich eine Bitte habe, dass derjenige es wirklich nur macht, wenn er kann bzw. Lust hat. (Rike)

Ja, ich tue mich schon schwer mit dem Nein-Sagen. Sicher, weil ich per se ein hilfsbereiter Mensch bin, wenn sich das Ganze in vertretbaren Grenzen hält. Und dann hängt mir auch meine Erziehung und Kindheit nach, in der das Nein-Sagen auf einen Auftrag oder eine vorgetragene Bitte nicht vorgesehen war. Aber ich bemühe mich im Rahmen der Selbstfürsorge, das nach Kräften umzusetzen. (Birgit)

Der Satz „Ich mach das schon" ist sehr viel schneller gesagt als ein klares Nein. Bei mir hat meine Tendenz, schlecht Nein sagen zu können, sicher mit familiärer Prägung zu tun und mit der Rolle der Unterstützerin und Helferin, die ich bereits in der frühen Kindheit innehatte. Nicht zu helfen macht mir schnell ein schlechtes Gewissen. Aus einfachen Sätzen höre ich sehr schnell versteckte (oder auch nur vermeintliche!!!) Aufträge heraus, da sind die hochsensiblen Antennen voll im Einsatz. Was mir hilft: Vor der Antwort einen Atemzug Pause nehmen und für mich klären: Möchte ich das wirklich tun? Habe ich genug Ressourcen? Sind es genau meine Kompetenzen, die hier gefragt sind? Wichtiger Lernprozess: meine persönlichen „Baustellen" immer wieder (fehlerfreundlich!) anzuschauen und zu reflektieren und auch anzuerkennen, welche positiven Seiten es hat, ein Mensch zu sein, der gerne unterstützt, Kompetenzen hat und mit anpackt. (Heike)

Das Nein-Sagen fällt mir heute deutlich leichter als früher. Ich erinnere mich an eine Situation mit Anfang 20, in der ich in einem Obstladen stand, um einen Salat und ein Erdbeerschälchen zu kaufen. Die Verkäuferin fragte mich, ob es noch etwas sein darf. Damals dachte ich, es wäre unhöflich, einfach „Nein" zu sagen. Also nahm ich noch eine Gurke und ein paar Tomaten, obwohl ich die gar nicht brauchte. Heute, 28 Jahre später, passiert mir so etwas nicht mehr. Mit einem freundlichen „Nein, danke" ist der Handel abgeschlossen. Aber es war ein langer Lernprozess, meine eigenen Bedürfnisse mindestens genauso wichtig zu nehmen wie die meines Gegenübers. Bei meinen Kindern ist das Nein-Sagen nach wie vor nicht so einfach. Ein Grund ist, dass es mir schwerfällt, die Reaktion auszuhalten, in die enttäuschten Gesichter zu schauen, wenn ein Wunsch nicht erfüllt wird. (Svenja)

Was für Sie hilfreich sein kann

„Selbstklärung ist die Voraussetzung für eine klare und kraftvolle Kommunikation."

Friedemann Schulz von Thun (*1944)

Klären Sie sich!

Finden Sie heraus, was genau für Sie stimmig ist, was sie wirklich wollen und was nicht. Man kann nur die Grenzen selbstsicher aufzeigen und gegebenenfalls verteidigen, von deren Sinnhaftigkeit und Notwendigkeit man überzeugt ist. Ein Nein zu anderen ist ein Ja zu sich selbst. Eine genaue Bestimmung, wozu Sie Ja sagen (zu Ihrer Gesundheit, zu Ihrem Freiraum, zu Ihren Herzensangelegenheiten …), stärkt Ihre Entschlossenheit und Überzeugungskraft im Nein-Sagen.

Drücken Sie Ihr Nein kurz und bündig aus!

Haben Sie sich entschieden, andere in die Schranken zu weisen, einer Erwartung nicht zu entsprechen, ein Ansinnen oder ein Angebot abzulehnen, tun Sie das am besten klar und deutlich und allenfalls mit einer knappen Begründung. Vermeiden Sie es, sich allzu wortreich zu erklären und zu rechtfertigen (wozu HSP neigen) oder sich zu entschuldigen. Eine ausführliche Begründung würde Ihrem Gegenüber Anknüpfungspunkte für seine Gegenargumente und Lösungsvorschläge bieten. Signalisieren Sie durch Ihre Formulierungen, dass es Ihnen ernst ist. Vermeiden Sie Relativierungen mit „eigentlich", „eher nicht" oder „lieber nicht". Auch da würde Ihr Gegenüber einhaken. Ein schlichtes „Nein, das passt für mich nicht", „Nein, das schaffe ich nicht", „Nein, das will ich nicht" oder „Nein danke, daran habe ich kein Interesse" ist völlig ausreichend und wird meist am besten akzeptiert, selbst dann, wenn es dem anderen nicht gefällt.

Bleiben Sie höflich!

Schroff und unfreundlich geäußert oder gekoppelt mit einem Vorwurf „Wie kannst du das nur von mir erwarten?" wird das Nein wahrscheinlich eine verärgerte und abweisende Reaktion hervorrufen, die Ihnen dann wiederum zu schaffen macht. Ruhig und vorwurfsfrei vorgetragen, als Ich-Botschaft formuliert, stehen die Chancen für eine ruhige und verständnisvolle Reaktion gut. Garantiert ist sie jedoch nicht.

Halten Sie die Reaktion aus!

Dem anderen ein Nein zuzumuten und ihm zuzutrauen, dass er damit fertig wird, ist wirklich okay, denn es ist nicht Ihre Aufgabe, den anderen vor Enttäuschungen zu bewahren. Erwarten Sie nur nicht, dass er das Nein ohne Gefühlsregung aufnimmt. Ihre Aufgabe liegt darin, seine Enttäuschung da sein zu lassen (nicht wegreden!) und die unter Umständen (vorübergehend) entstehende Distanz auszuhalten.

Nehmen Sie sich Bedenkzeit!

Fühlen Sie sich nicht genötigt, immer sofort eine Antwort zu geben, wenn Sie jemand um einen Gefallen bittet, zu etwas einlädt oder Ihnen ein Angebot macht. Es ist völlig in Ordnung, sich für die Entscheidung Zeit zu nehmen. Sie können zum Beispiel sagen „Ich muss erst in meinen Kalender schauen", „Ich möchte darüber in Ruhe nachdenken", „Ich möchte das vorher mit XY besprechen". Fügen Sie hinzu, bis wann Sie Bescheid geben werden. Zum Beispiel: „Ich kläre / überlege mir das und melde mich in fünf Minuten / einer Stunde / morgen."

Bieten Sie Alternativen an!

Vielleicht passt ein eingeschränktes Nein: „Nein, nicht jetzt / heute / dieses Mal" oder „Nein, nicht so" mit anschließenden Gegenvorschlägen – dies allerdings nur, wenn Sie ehrlich dahinterstehen und diese aus freien Stücken machen.

Bleiben Sie möglichst bei der Wahrheit!

Sie müssen nicht alles sagen, was wahr und echt wäre, aber das, was Sie sagen, sollte wahr und echt sein. Ich gehe davon aus, dass Sie sich damit am wohlsten fühlen. Keine Regel ohne Ausnahme: Eine kleine Notlüge gegenüber weniger nahen Menschen kann unter Umständen nützlich sein. Meist braucht man aber gar keine Erklärung abzugeben und insofern auch keine Ausreden zu erfinden. Klug herausgegriffene Aspekte der Wahrheit erfüllen oft denselben Zweck.

Verdeutlichen Sie den Aufwand!

Es kommt vor, dass andere Sie um eine Gefälligkeit bitten und dabei den Aufwand, den das für Sie bedeutet, herunterspielen oder tatsächlich gar nicht einschätzen können. Sagen Sie, wie viel Zeit, Geld, Energie Sie das Erfüllen der Bitte kosten würde. Begründen Sie damit Ihre Ablehnung oder verhandeln Sie auf der Grundlage über das Ausmaß der Gefälligkeit.

Im beruflichen Kontext: Argumentieren Sie sachlich. Wenn eine zusätzliche Aufgabe viel Zeit erfordert und etwas anderes liegen bleiben würde, können Sie dies dem/der Vorgesetzten mitteilen und ihn/sie bitten, die Prioritäten zu setzen.

Unterstreichen Sie Ihr Nein körpersprachlich!

Eine Körpersprache, die nicht mit der verbalen Aussage übereinstimmt, entlarvt ein wackliges Nein. Eine leise Stimme, ein entschuldigendes Lächeln, ein ausweichender Blick schwächen das Nein ab und machen es unglaubwürdig. Eine feste Stimme, ein ernster Gesichtsausdruck, ein direkter Blickkontakt, ein Kopfschütteln, eventuell noch in abwehrender Geste hochgehaltene Hände unterstreichen das Nein.

Bleiben Sie beim Nein!

Selbst bei einem deutlichen Nein kann es sein, dass es nicht auf Anhieb widerspruchslos hingenommen wird, vor allem, wenn Sie bisher oft Zugeständnisse gemacht haben. Gegebenenfalls müssen Sie Ihr Nein wiederholen. Lassen Sie sich nur in Ausnahmefällen umstimmen, falls Sie es sich wirklich anders überlegt haben und der Schwenk zum Ja echt ist. Sonst würde das Ihr Gegenüber dazu einladen, bei den nächsten Malen wieder zu versuchen, Sie von Ihrem Nein abzubringen.

Seien Sie darauf gefasst, dass Ihr Nein-Sagen insbesondere zu Anfang von einem schlechten Gewissen begleitet sein wird. Es wird mit der Zeit nachlassen. Erwarten Sie nicht, dass Ihr Gegenüber Sie davon befreit. Die Person hat mit sich selbst zu tun, muss Ihr Nein verkraften.

Widerrufen Sie ein falsches Ja!

Es ist Ihr gutes Recht, Ihre Meinung zu ändern. Sagen Sie z. B. „Ich habe vorschnell Ja gesagt, ohne mir ausreichend Gedanken gemacht zu haben, was das für mich bedeutet. Ich kann leider nicht bei dem Ja bleiben, weil …". In diesem Fall braucht es eine etwas längere Begründung als bei einem Nein, das Sie von Anfang an aussprechen. Falls Sie eine gute Idee haben, wer die Aufgabe stattdessen übernehmen könnte, äußern Sie sie. Aber im Grunde gilt, dass die Verantwortung für die Lösungsfindung beim anderen liegt.

Handeln Sie proaktiv!

Es gibt wiederkehrende Situationen, in denen Sie lieber Nein als Ja sagen möchten, sich aber schwer damit tun. In manchen Fällen ist es nützlich, im Voraus, quasi vorbeugend, klare Ansagen zu machen. Heben Sie in diplomatischer Weise den Teil hervor, zu dem Sie Ja sagen. Ein einfaches Beispiel: Wenn ein Fest geplant wird, können Sie frühzeitig von sich aus sagen, dass Sie einen selbst gebackenen Kuchen mitbringen werden, bevor Sie gefragt werden, ob Sie eine Torte und einen Salat beisteuern. Seien Sie anwesend, wenn im privaten wie im beruflichen Bereich Aufgaben verteilt werden, sodass Sie direkt mitbestimmen können, was davon Sie übernehmen.

> **IMPULS: Sagen Sie Ja zu sich!**
>
> Ziel ist nicht, bei beliebigen Gelegenheiten häufiger Nein zu sagen, sondern vielmehr immer deutlicher und konsequenter Nein statt Ja zu sagen, wenn man ein Nein empfindet. Es geht um Authentizität, um Selbstfürsorge und Selbstschutz. Ein Nein zu anderen bedeutet ein Ja zu sich selbst. Hilfreich sind Strategien für ein selbstbestimmtes Handeln, das Nein-Sagen als eine Option einschließt.
>
> In der Kommunikation bewährt es sich, sich Bedenkzeit zu nehmen und gut zu überlegen, wozu man aufrichtig Ja sagen kann. Sollte ein Nein erforderlich sein, äußert man es am besten vorwurfsfrei und freundlich, aber klar und deutlich mit einer kurzen Begründung. Dabei ist darauf zu achten, dass die Körpersprache zum Nein passt: ernste Miene, feste Stimme, gerader Blick.
>
> So wichtig Nein-Sagen als Teil einer selbstfürsorglichen Abgrenzung auch ist, wird man doch nie so weit gehen, anderen jegliches Entgegenkommen zu verwehren oder den Gemeinschaftssinn zu verlieren.

15. Wutausbrüche

„In der Wut verliert der Mensch seine Intelligenz."

Dalai Lama (*1935)

Nicht nur HSP kennen das, dass ihnen mal der Geduldsfaden reißt, dass sie die Fassung verlieren, aus der Haut fahren, laut werden, explodieren, „ausrasten", „austicken". Meiner Einschätzung nach kennen es aber die intensiv fühlenden und stark reagierenden HSP mehr noch als andere. Ich weiß von mir und von etlichen anderen HSP, mit denen ich gesprochen habe, dass es ihnen manches Mal nicht gelingt, sich zu beherrschen, wenn sie von ihren intensiven Gefühlen überwältigt werden. In extremen Stresssituationen kommt es gelegentlich zu regelrechten Wutausbrüchen. Irritierend für die anderen, die es mitbekommen bzw. „abbekommen". Und irritierend für sie selbst, oft verbunden mit Reue, Schuld- und Schamgefühlen.

Bei einem Wutausbruch steht man wie neben sich, hat nur noch einen absoluten Tunnelblick. In den Momenten maximaler Aufregung hat man kaum eine Chance, Handlungsmöglichkeiten vernünftig gegeneinander abzuwägen. Die Reaktionen auf bestimmte Auslösereize kommen blitzschnell mit großer Wucht, sie haben etwas scheinbar Zwangsläufiges. Ein Gefühl von Ohnmacht und Angst paart sich mit Aggression, man fühlt sich, als stünde man mit dem Rücken zur Wand. Das Gegenüber, das den Auslöser geliefert hat, erscheint als zu bekämpfender Feind, entsprechend vernichtend fallen Worte und Körpersprache aus.

Hinterher fühlt man sich schrecklich, möchte das unkontrollierte Verhalten am liebsten ungeschehen machen, noch mal neu „starten". Man merkt, dass man sich mit den wüsten Beschimpfungen (oftmals Übertreibungen und Unterstellungen) ins Unrecht gesetzt hat, obwohl das eigentliche Anliegen durchaus berechtigt ist. Eine Entschuldigung beim Gegenüber für die Heftigkeit und Unmäßigkeit ist angebracht. Womöglich ist man aber am Ende aus einem schlechten Gewissen heraus versöhnlicher und entgegenkommender, als es eigentlich stimmig wäre, versäumt eine notwendige Klärung, Abgrenzung und Selbstbehauptung und legt damit ungewollt den Grundstein für den nächsten Ausbruch.

Zum besseren Verständnis: Wut zählt neben Freude, Überraschung, Trauer, Angst, Ekel und Verachtung zu den Basisemotionen und ist menschlich und normal. Wut ist heftiger und schwerer zu kontrollieren als Ärger. Wut versetzt den Körper in Alarmbereitschaft, es werden Stresshormone ausgeschüttet, der Blutdruck steigt, der Puls beschleunigt sich. Die Denkfähigkeit ist stark eingeschränkt. Wer wütend ist, handelt oft impulsiv und noch dazu aggressiv. Unter einem Wutanfall versteht man einen kurzzeitigen Verlust der Kontrolle über das Gefühl der Wut. Es handelt sich dabei um einen Affekt, das heißt eine vorrübergehende unbeherrschte Gefühlswallung, zumeist ausgelöst durch einen äußeren Anlass. Ganz verschiedene Auslöser können zu Wutausbrüchen führen, es kann ein Vorwurf sein, eine Kritik, eine Aufforderung oder eine Bemerkung, die als Zurückweisung, Angriff oder Kränkung empfunden wird. Der Auslöser ist oft eine Kleinigkeit, der sprichwörtliche Tropfen, der das Fass zum Überlaufen bringt. Manchmal reicht schon eine bestimmte Mimik, Gestik oder Körperhaltung.

Schauen wir auf die Ursachen mit dem besonderen Blick auf HSP. Für viele HSP ist es generell ein Problem, sich ausreichend abzugrenzen. Sie passen sich oft stark an, arrangieren sich mit Gegebenheiten, die ihnen nicht guttun, lassen sich auf Situationen ein, die sie überstrapazieren, verweilen zu lange in stressigen Situationen, lassen Leute zu nahe an sich heran, die sie im Wohlbefinden beeinträchtigen, und versäumen es, rechtzeitig Einhalt zu gebieten. Daher befinden sie sich oftmals über lange Strecken im roten Bereich der Überforderung, was eine explosive psychische Angespanntheit erzeugt. Kommt dann ein Aufreger als Anlass hinzu, entlädt sich die Spannung und das Verhalten schlägt plötzlich um, von sanft, geduldig und duldsam zu aufbrausend, abwehrend und angreifend.

Was die Auslöser angeht: HSP haben hohe Wertvorstellungen und eine sehr niedrige Toleranzschwelle gegenüber Rücksichtslosigkeit, Unzuverlässigkeit, Unpünktlichkeit, Ignoranz, Abwertung, Geringschätzung, Missachtung, Dominanz, Willkür und Ungerechtigkeit bzw. Verhaltensweisen, die den Eindruck davon vermitteln. Aktuelle Geschehnisse werden aufgeladen durch negative Vorerfahrungen und lebensgeschichtliche Wunden, was entsprechend heftige Reaktionen hervorruft. In den verzweifelten Momenten des Ausbruchs verengt und verzerrt sich die Wahrnehmung. Einer aufgebrachten und völlig überreizten Person kommt es vor, als würde sie schwer attackiert bis hin zu existenziell bedroht. Sie meint, sie müsse sich mit allen Kräften zur Wehr setzen, schlägt bildlich gesprochen wild um sich – zum Erstaunen und Entsetzen derer, gegen die sich die Aggression wendet.

Für Nicht-Hochsensible sind solche Ausbrüche, die aus scheinbar heiterem Himmel kommen, meist überhaupt nicht nachvollziehbar. Es fallen Kommentare wie „Was ist denn jetzt mit dir los?", „Du überreagierst!" oder „Du bist ja total hysterisch!". In den HSP wächst dann das ungute Gefühl, nicht verstanden und nicht ernst genommen zu werden. Übernimmt das Gegenüber für seinen Anteil am Geschehen so gar keine Verantwortung, heizt das die ohnehin schon heftigen Gefühle weiter an. Auseinandersetzungen können unglücklich eskalieren, es besteht die Gefahr, dass Türen zugeschlagen und Beziehungen beschädigt werden.

> *Von Null auf Hundert, kein Problem – leider. Die Beherrschung zu verlieren ist sicher kein Ruhmesblatt. Die Tatsache, dass es mir selbst nach solchen Ausbrüchen gesundheitlich schlecht geht und ich damit auch jede Menge Porzellan zerschlage, hat mich schon sehr beschäftigt. Und auch, dass mir das eigentlich nur passiert, wenn ich emotional sehr involviert bin. In meinem Fall eigentlich ausschließlich bei meinem Partner, der es schafft, mich immer wieder auch mit Kleinigkeiten zu triggern. Meine guten Vorsätze sind dann leider auf einen Schlag dahin. (Birgit)*

Ein Wutausbruch ist nicht schön. Wenn ich einen habe, stehe ich neben mir und bereue es nachträglich. Auslöser sind Wutausbrüche anderer oder wenn jemand seine Stimme gegen mich erhebt. Ich denke, dass es dann bei mir eine Schutzreaktion ist. Es kann aber auch in Diskussionen ein Nicht-Gehört- oder Nicht-Wahrgenommen-Werden sein, das mich reizt. Es passiert in Zehntelsekunden, dass man dermaßen in Rage kommt, so schnell, dass man nicht reagieren kann. Manchmal ist es mir so peinlich, dass ich nicht mal eine Entschuldigung herausbringe. Aber je schwerer es fällt, desto wichtiger wäre es. (Marc)

Meine hochemotionalen Reaktionen auf das Gefühl von Verletzung sind ein Punkt, der noch sehr in Bearbeitung ist. Ich bin durchaus kritikfähig, wenn sie berechtigt ist und sachlich vorgebracht wird. Aber bei allem, was von mir als ungerecht, nicht wahrheitsgemäß, degradierend usw. empfunden wird, werde ich zur Furie. Ich sage bewusst „empfunden wird", denn es ist nicht zwangsläufig so gemeint. Der Umgang damit ist für mich schwierig. Einerseits weiß ich, dass mir Abstand in dem Moment guttäte, aber andererseits kann ich das Thema oder die Situation kaum verlassen. (Bea)

Ich habe selten Gefühlsausbrüche. Neige eher dazu, zu implodieren und Dinge in mich hineinzufressen, was schon zu depressiven Verstimmungen führte. Wenn es doch schon mal zu einem Ausbruch kam, dann meistens, wenn sich bereits viele ungeklärte Dinge angesammelt hatten. In so einem Moment verliere ich die Beherrschung, kann nicht mehr klar denken, mir wird warm, ich hab einen Tunnelblick, Herzklopfen usw. Auslöser sind oft (vermeintliche) Rücksichtslosigkeiten anderer (hinterher zeigt sich oft, dass es Missverständnisse waren). Die Beziehung leidet in dem Moment. (Svenja)

Was für Sie hilfreich sein kann

> *„Zwischen Reiz und Reaktion liegt ein Raum. In diesem Raum liegt unsere Macht zur Wahl unserer Reaktion. In unserer Reaktion liegen unsere Entwicklung und unsere Freiheit."*
>
> Viktor Frankl (1905 – 1997)

Wehren Sie den Anfängen!

Achten Sie auf frühe Anzeichen von Unruhe, Unbehagen und Unausgeglichenheit. Achten Sie auf ein körperliches Gefühl von Enge und Druck. Übersehen und übergehen Sie es nicht, wenn sich eine innere Spannung in Ihnen aufbaut. Halten Sie inne, gehen Sie in sich, ergründen Sie, woran es liegt und handeln Sie entsprechend. Lassen Sie nicht mehr geschehen, was Ihnen nicht guttut. Halten Sie nicht länger aus. Zeigen Sie Ihre Grenzen auf, schützen Sie sich rechtzeitig. Schaffen Sie ausreichend Raum und Zeit für sich.

Sagen Sie rechtzeitig Nein!

Sagen Sie nicht Ja, wenn Sie ein Nein fühlen – bzw. nur in begründeten Ausnahmefällen. Nutzen Sie Ihre Autonomie und Ihre Entscheidungsfreiheit. Nehmen Sie Ihre Eigenverantwortung und Selbstbestimmung ernst. Womit sind Sie wirklich einverstanden? Wie weit wollen und können Sie anderen entgegenkommen? Ab wann braucht es ein klares Nein?

Sprechen Sie Konflikte an!

Nach dem Eklat ist vor dem Eklat. Führen Sie eine Problemanalyse durch: Was waren seither typische Auslöser für Ihre Wutanfälle? Was war dem jeweils vorangegangen? Welches Muster erkennen Sie? Was genau stört Sie? Was genau fehlt Ihnen? Und dann kümmern Sie sich um Vorbeugung. Sprechen Sie Ihr Aufreger-Thema an, bevor es wieder brenzlig wird. Und zwar in Ruhe. Sagen Sie genau, auf welche Sachlage bzw. Begebenheit Sie Bezug nehmen, wie es Ihnen damit geht, was Ihnen wichtig ist und was Sie sich vom anderen konkret wünschen. Hören Sie auch dem anderen zu, finden Sie gemeinsam heraus, worauf Sie sich einigen können.

> *Nach einem Gefühlsausbruch komme ich durch ein ruhiges Gespräch einige Stunden oder einen Tag später mit meinem Gegenüber wieder zusammen. Der Konflikt sollte unbedingt angesprochen werden, auch wenn man denkt, dass jetzt doch alles wieder o.k. ist. Aber immer erst, wenn die Emotionen abgekühlt sind. (Svenja)*

Sorgen Sie auch auf körperlicher Ebene gut für sich!

Eine angespannte Grundstimmung, in der schon nichtige Anlässe Sie aufbrausen lassen könnten, entsteht auch, wenn Sie hungrig sind (Kennen Sie die Wortschöpfung „hangry", zusammengesetzt aus „hungry" = hungrig und „angry" = ärgerlich?) oder unausgeschlafen oder reizüberflutet oder krank (z. B. Kopfschmerzen haben). Versorgen Sie sich ausreichend mit ausgewogenem, bekömmlichem Essen, trinken Sie reichlich, schlafen Sie genug, reduzieren Sie die Reizzufuhr, bevor Sie übererregt sind, bleiben Sie zu Hause, wenn Sie krank sind, und kurieren Sie sich aus.

Setzen Sie ein Stopp-Zeichen!

Ihre spontane Reaktion, wenn Sie extrem aufgeregt sind, ist meist nicht die beste, nicht die, die Sie wirklich weiterbringt und einen Konflikt in Ihrem Sinne löst. In einem emotionalen Ausnahmezustand verlieren Sie nicht nur die Fassung, sondern auch Ihren Verstand. Sie werden vielleicht bissig und sarkastisch, machen Ihrem Gegenüber einen Haufen Vorwürfe oder rasten so richtig aus und schreien den anderen an. Davor wollen Sie sich und Ihr Gegenüber möglichst bewahren, weil es alles andere als konstruktiv wäre. Wenn in Ihnen die Wut aufsteigt und sich ein Ausbruch anbahnt, bleibt Ihnen nur wenig Zeit.

Unterbrechen Sie den automatischen Ablauf. Stellen Sie sich ein knallrotes Stoppschild vor! Halten Sie inne, schließen Sie die Augen, halten Sie (zunächst) den Mund, holen Sie tief Luft, zählen Sie bis zehn, sagen Sie sich einen Satz wie „Das Gefühl geht vorüber".

Stellen Sie Abstand her, gehen Sie aus der Situation raus, verlassen Sie den Raum (möglichst dem anderen vorher kurz sagen, dass Sie nach einer Beruhigungszeit wiederkommen), stellen Sie sich ans geöffnete Fenster zum Atmen, trinken Sie ein Glas Wasser, spritzen Sie sich kaltes Wasser ins Gesicht, lassen Sie kaltes Wasser über die Unterarme laufen (starke Sinnesreize lenken von der Wut ab), kneten Sie einen Stressball, bewegen Sie sich, gehen Sie ins Freie. Denken Sie an etwas Schönes, worüber oder worauf Sie sich freuen, um ein positives Gefühl hervorzurufen. Finden Sie einen humorvollen Aspekt am Geschehen.

Es geht darum, wieder zur Ruhe, zur Besinnung und zu Verstand zu kommen und dem Körper die Gelegenheit zu geben, die ausgeschütteten Stresshormone abzubauen. Unterschätzen Sie nicht die Zeit, die das braucht (mindestens 20 Minuten). Was Sie erreichen wollen: wieder zu sich kommen statt außer sich sein, eine bewusst gewählte Reaktion statt einer automatischen.

Glauben Sie nicht, dass „Abreagieren" hilft!

Obwohl es für diejenigen, die lange meinten, immer nett sein zu müssen, befreiend wirken kann, ihre Wut auch einmal rauszulassen, ist das längerfristig doch keine befriedigende Lösung. Ich fand sehr aufschlussreich, was ich dazu vor Längerem im Interviewbuch *Konflikte lösen durch Gewaltfreie Kommunikation* (2004) las und möchte Sie nun an den Einsichten teilhaben lassen. Marshall Rosenberg erzählt, dass er vor vielen Jahren mit dem Thema Wut experimentiert habe und seinerzeit Workshop-Teilnehmer ermutigte, ihre Wut über Brüllen, Schreien und Einschlagen auf Gegenstände mit Gummiknüppeln auszuleben. Die Ergebnisse seien letztlich nicht überzeugend gewesen. Zum Beispiel habe eine Teilnehmerin ihm von einem schalen Gefühl berichtet, nachdem sie sich so in die Wut hineingesteigert hatte.

Dann habe er angefangen zu überlegen, wie man Wut wirklich vollständig ausdrücken kann. „Mittlerweile glaube ich, dass es ganz wichtig ist, meine Wut ernst zu nehmen, mir bewusst zu machen, dass ich wütend bin, und mir gleichzeitig bewusst darüber zu sein, dass es nicht eine andere Person ist, die mich wütend macht, sondern das eigene Denken." Wichtig sei, innezuhalten, die Wut anzusehen und anzuhören und sich in Ruhe darüber klar zu werden, was hinter der Wut steckt. Zu den eigenen Gefühlen und unerfüllten Bedürfnissen hinter der Wut zu finden und diese zum Ausdruck zu bringen. Da seien dann immer noch starke Gefühle, aber keine Wut. „Dann kann es sein, dass ich schreie. Aber ich schreie niemandem Beleidigungen ist Gesicht, sondern ich schreie, was ich brauche und wie ich mich fühle. Das sind dann Gefühle wie Traurigkeit, Verzweiflung,

Hilflosigkeit, Verletzung oder Angst. Sie sind schmerzhaft, aber nicht zerstörerisch." Dem habe ich an dieser Stelle nichts hinzuzufügen.

Lassen Sie Ärger und Wut nicht zur Gewohnheit werden!

Ich fand es sehr spannend zu lesen, dass wir uns ärgerliche Reaktionen regelrecht angewöhnen können. Doc Childre und Deborah Rozmann weisen in ihrem Buch *Verwandle deine Wut* (2006) darauf hin, dass ein Grund für unsere Ärgerbereitschaft schlicht darin liege, dass wir in der Vergangenheit so häufig ärgerlich geworden seien und uns abreagiert hätten. „Dieses Abreagieren verstärkt nur die Gewohnheit, wütend zu reagieren."

Unser Gehirn habe mit der Zeit entsprechende Muster gespeichert und sich an eine bestimmte Reaktionsweise gewöhnt. Reizbarkeit und Ärgermuster seien Teil der neuronalen Struktur geworden und jede Kleinigkeit könne wieder Ärger auslösen. Auslöser seien z. B. unerfüllte Erwartungen oder das Gefühl, unfair behandelt zu werden. Durch die emotionalen Überzeugungen, die einen gefangen halten, sehe man nur ein eingeschränktes Bild der jeweiligen Situation. Latenter Unmut halte die Gewohnheit aufrecht, mit Ärger zu reagieren. Die Autoren schreiben: „Menschen oder Gruppen, die einen lang gehegten Groll mit sich herumtragen, geben ihre Macht ständig an die Personen oder Dinge ab, denen sie grollen, ohne die Verantwortung für die eigenen Gedanken, Gefühle und Handlungen zu übernehmen." Mein Gedanke: Was wir uns angewöhnen können, können wir uns auch wieder abgewöhnen.

Verstehen Sie Wut als Warnruf!

Eine weitere Bestätigung, dass der Gedanke, man könne Wut abreagieren und damit loswerden, falsch ist, fand ich im Buch *Die Glücksformel* (2014) des Wissenschaftsautors Stefan Klein. Er räumt darin nämlich ebenfalls mit dem Irrglauben auf, ein Wutanfall könne von der Wut befreien. Diese Vorstellung habe sich schlicht als falsch erwiesen. Das Gehirn gleiche keinem Dampfkessel, in dem sich negative Emotionen als Druck aufstauen und abgelassen werden müssten. Es sei ein sehr viel raffinierteres System. Studien hätten ergeben, dass Wutanfälle die Wut eher noch steigern. Die negativen Empfindungen Ärger und Wut würden eine Eigendynamik entwickeln, „wie eine Lawine, wenn sie einmal ins Rollen gekommen ist. Von der Macht seiner Gefühle übermannt, fällt es dem Betroffenen nun viel schwerer, sich zu beruhigen und den klaren Blick auf die Realitäten zurückzugewinnen".

Eine bessere Strategie, um sich von negativen Emotionen zu befreien, sei, sie ernst zu nehmen und ihnen aufmerksames Interesse entgegenzubringen. Die Erregung sei wie ein Bote, der einen Warnruf überbringt. Sobald die Nachricht verstanden worden und das Nötige getan sei, könne man sich wieder anderen Dingen zuwenden. Körper und Geist könnten sich wieder beruhigen. „Wer gelernt hat, seine Gefühle liebevoll, aber kurz zu betrachten, der erlebt sie intensiv und bewusst – ohne dabei den inneren Halt zu verlieren." Von zentraler Bedeutung scheint mir hier die Aufforderung, sich wieder mit etwas anderem zu beschäftigen, sobald man die Bedeutung der Wut verstanden und ernst genommen und einen Plan fürs konstruktive Handeln hat.

Schauen Sie hinter die Wut!

Nach dem Konzept der Gewaltfreien Kommunikation, auf die ich so große Stücke halte, sind Gefühle generell wichtige Signale, die Auskunft geben über die Bedürfnislage. Angenehme, freudvolle Gefühle weisen auf erfüllte Bedürfnisse hin, unangenehme, schmerzhafte Gefühle auf unerfüllte Bedürfnisse. Seien Sie sich selbst gegenüber einfühlsam, spüren Sie in sich hinein. Verstehen Sie Traurigkeit, Irritation, Verletztheit, Frustration, Empörung, Verärgerung und Wut als Warnsignale, die Ihnen anzeigen, dass etwas im Argen liegt. Finden Sie im Einzelnen heraus, welches ungestillte Bedürfnis genau hinter dem Gefühl steckt. Darauf sollte Ihr Fokus liegen, nicht auf dem „Fehlverhalten" anderer.

Gefühle motivieren uns außerdem, uns um die Erfüllung unserer Bedürfnisse zu kümmern. Jedes Bedürfnis ist in Ordnung und der Beachtung wert, kein Bedürfnis ist an sich „schlecht", problematisch wird es allerdings, sollten wir „gewaltvoll" (und sei es mit Worten) vorgehen, um es zu erfüllen.

Aus der Gewaltfreien Kommunikation kenne ich den bedeutsamen Satz: „Aggression ist der tragische Ausdruck eines ungestillten Bedürfnisses." Dieses Bedürfnis gilt es zu ergründen und zu beheben. Das blinde Ausagieren von Wut bringt uns diesbezüglich nicht weiter.

Nutzen Sie die Kraft, die in der Wut steckt!

Die Wut stellt eine große Menge an Handlungsenergie bereit. Diese Energie sollte dann nur noch so kanalisiert werden, dass sie uns wirklich nützt. Wut bewirkt, dass wir vom Pol der Nähe/Anpassung/Bindung zum Gegenpol, nämlich dem der Distanz/Abgrenzung/Autonomie, umschwenken und ganz fokussiert sind auf unsere individuellen Wünsche und Bedürfnisse. Das ist nützlich, sofern wir diesen Pol zuvor vernachlässigt haben. Insgesamt gesehen braucht es aber für ein gelingendes Leben eine Ausgewogenheit zwischen Anpassung und Abgrenzung.

Bemühen Sie sich um eine neutrale Sichtweise!

Unser Ärger und unsere Wut beruhen immer auf unserem persönlichen Erleben und auf unserer subjektiven Bewertung einer bestimmten Situation. Wobei wir uns in der Aufregung zunächst nicht bewusst sind, dass wir die Situation auch anders betrachten und beurteilen könnten. Hier möchte ich die Achtsamkeitslehre ins Spiel bringen, die uns eine bewusste, im Augenblick ruhende, nicht urteilende Aufmerksamkeit empfiehlt, aus einer Haltung der Neugierde, der Absichtslosigkeit, der Neutralität, der Offenheit und der Akzeptanz (im Sinne von „So ist es!" nicht von „So ist es gut!") heraus. Achtsamkeit erleichtert das Loslassen von automatischen Mustern und eröffnet uns mehr Flexibilität und Handlungsspielraum. Wahrnehmen ohne zu bewerten führt zu innerer Ruhe.

Dazu passt eine Technik, die ich im Buch *Verwandle deine Wut* von Doc Childre und Deborah Rozman gefunden habe: die Neutralisierungstechnik. Mit ihr üben wir ein, Gedanken zu zähmen und hochgradig explosive Gefühle umzuwandeln, indem wir mit der Aufforderung an uns selbst „Werde neutral!" Abstand von einer bestimmten Reaktion nehmen. Wir vermeiden, Gedanken und Gefühle in eine bestimmte Richtung gehen zu lassen, und bemühen uns, gegenüber der emotional geladenen Situation eine neutrale Haltung zu finden. Wir schenken einer alten Annahme nicht unbedingt Glauben, fragen uns z. B. „Was wäre, wenn es etwas gibt, was ich nicht weiß?", werden bescheidener und geduldiger. Von einem neutralen Standpunkt aus eröffnet sich die Möglichkeit, zumindest „vorübergehenden Frieden mit dem zu schließen, was sich eigentlich nicht friedlich anfühlt."

Sehen Sie Ihre Wahlmöglichkeiten!

Wutausbrüche werden durch ein bestimmtes Ereignis ausgelöst, geschehen aber aus einem Zustand von Unzufriedenheit und psychischer Angespanntheit heraus. Versuchen Sie einen angespannten Zustand aufzulösen, bevor irgendein Tropfen das Fass zum Überlaufen bringt bzw. bevor das zum wiederholten Male geschieht.

Finden Sie heraus, was Sie unzufrieden sein lässt, welche Situationen es typischerweise sind, die Sie aufbringen und an den Rand der Beherrschung treiben. Vielleicht mögen Sie das für sich aufschreiben, eventuell ein Wut-Tagebuch führen, um die Gemeinsamkeiten in den Vorfällen zu erkennen und auf den Punkt zu bringen, worum es in Wahrheit geht.

Überlegen Sie dann, welche Handlungsmöglichkeiten Sie haben, was Sie verändern können in Bezug auf Lebensumstände und wiederkehrende Situationen, die Sie in Stress versetzen.

Als freier Mensch haben Sie im Grunde immer drei Optionen:
1. Sie können Ihre Einstellung zu dem, was Ihnen missfällt und Sie aufbringt, ändern, zu mehr Toleranz oder – besser noch – zu einer echten Akzeptanz gelangen. D. h., sich anfreunden mit dem, was ist.
2. Sie können im Rahmen Ihrer Einflussmöglichkeiten die Umstände so verändern, dass sie besser zu Ihren Wünschen und Bedürfnissen passen. (Wichtige Einschränkung: Sie können andere Menschen nicht nach Belieben ändern!)
3. Sie können eine bestimmte Lebenssituation abwählen, zum Beispiel kündigen, umziehen, sich trennen.

Kurz gefasst: Take it, change it or leave it!

Beziehen Sie immer alle drei Optionen in Ihr Lösungsdenken ein. Wenn 2. nicht klappt und 3. für Sie nicht in Frage kommt, dann rufen Sie sich ins Bewusstsein, welche guten Gründe Sie haben, in der aktuellen Situation zu verbleiben (z. B. am Job, an der Wohnung, am Partner/der Partnerin festzuhalten), und bemühen Sie sich ernsthaft um 1. Und zwar im vollen Bewusstsein, dass Sie Ihre Wahl eigenverantwortlich und selbstbestimmt getroffen haben. (Bitte bedenken, dass keine Entscheidung auch eine Entscheidung ist!) Selbstverständlich können Sie zu einem späteren Zeitpunkt neu entscheiden.

Kultivieren Sie Liebe und Güte!

Der buddhistische Mönch Matthieu Ricard schreibt in seinem Buch *Glück* (2009): „Wut kann uns helfen, Hindernisse zu überwinden. Aber sie darf stets nur eine Episode sein. Menschen mit einer feindseligen Grundhaltung, die ständig kurz davor stehen, aus der Haut zu fahren, und beinahe durch jedes Hindernis, egal wie geringfügig, in Wut geraten, tun sich in der Gesellschaft überaus schwer. Ständig stehen sie vor Problemen und werden mit leidvollen Erfahrungen konfrontiert." (Auch hier wieder der Gedanke, dass man nicht in Ärger und Wut stecken bleiben sollte.) Negative Emotionen wie Wut seien eher nebensächlich, weniger grundlegend als Liebe und Zuneigung und ein Gefühl der Verbundenheit mit unseren Mitmenschen. Unser Blick solle stets dem Guten und dem Schönen in einem Menschen gelten, das führe zu Freude und Zufriedenheit. „Indem man Güte entwickelt und sie zum Ausdruck bringt, vertreibt man im Handumdrehen das Leid und sorgt dafür, dass dauerhafte Erfüllung an dessen Stelle tritt."

Die hier beschriebene Haltung wird unterstützt und eingeübt durch die sogenannte Liebende-Güte-Meditation.

> **IMPULS: Halten Sie sich erst einmal zurück!**
>
> HSP, die schneller überreizt und somit auch reizbarer sind als andere, sind eher in Gefahr, durch ein negatives Ereignis einen Stimmungsumschwung zu erleben, von intensiven Ärger- und Wut-Gefühlen überwältigt zu werden, die Selbstbeherrschung zu verlieren und aus der Haut zu fahren. Auslöser für einen Wutausbruch ist oft ein Verhalten anderer, durch das sie sich missachtet, abgewertet, übergangen, unterdrückt, an den Rand gedrängt, ungerecht behandelt oder angegriffen fühlen – ob es so gemeint war oder nicht.
>
> HSP können nicht viel einstecken, aber ordentlich austeilen. Aufgebrachte HSP werden unter Umständen heftig, verletzend, vorwurfsvoll und auch ungerecht. Im emotionalen Ausnahmezustand ist das vernünftige Denken sehr eingeschränkt. Durch solch ein impulsives, aggressives Verhalten können Beziehungen beschädigt werden. Außerdem plagen hinterher Schuld- und Schamgefühle.
>
> Eine weit verbreitete irrige Vorstellung ist, dass das Ablassen von Wut hilfreich sei. Ist es aber auf längere Sicht nicht, weil es wahrscheinlich wütendes Reagieren zur Gewohnheit macht.

Es gilt also vielmehr, innezuhalten, die automatische Reaktion zu unterbrechen, das aufflammende Gefühl der Wut unter Kontrolle zu bringen, in sich hineinzuspüren und herauszufinden, was hinter der Wut steckt. Die Wut ist als Warnsignal ernst zu nehmen. Sind die Ursachen ergründet, kann man die Wut loslassen, Problemlösungen anstreben, das ändern, was zu ändern ist. Man kann ruhig und klar kommunizieren, wenn irgend möglich den friedfertigen, konstruktiven Dialog suchen, aber auch inakzeptablem Verhalten selbstbewusst und entschieden entgegentreten.

16. | Grübeln

> *„Beim Grübeln befinden sich Gedanken auf der Irrfahrt im Kreisverkehr und haben die Abfahrt verpasst."*
>
> Helga Schäferling (*1957)

Eigentlich alle HSP, die ich getroffen habe, berichten von sich, dass sie leicht ins Grübeln verfallen – die Form des Denkens, bei dem die Gedanken unaufhörlich um ein Problem kreisen, ohne zu einer Lösung zu kommen – und dass sie darunter leiden. Deshalb möchte ich Denkvorgänge, Nachdenken und Grübeln hier zum Thema machen. Sowieso finde ich es immer hoch spannend, wenn ich etwas lese oder höre, was mir Einblicke in die Funktionsweise des Denkens gibt.

Beginnen will ich mit dem Phänomen „Mind-Wandering". Ich habe gelernt, dass umherwandernde Gedanken dem Standardmodus des Gehirns entsprechen. Es ist völlig normal, dass die Gedanken während des Nichtstuns oder eines Tuns, das weitgehend automatisiert abläuft (z. B. Aufräumen oder Autofahren) ihren freien Lauf nehmen, sich mit diesem und jenem beschäftigen. Beim Mind-Wandering handelt es sich um spontane, ungezwungene, aufgabenunabhängige, ziellose Gedanken, die nicht bei einem Thema bleiben. Man kann von einer „wachen Ruhe" sprechen, auch von Tagträumen, einem bebilderten Gedankenfluss.

Die Gruppe von Gehirnregionen, die im Ruhezustand beim Nichtstun aktiv werden, werden in der Neurowissenschaft als „Default Mode Network" (Ruhezustandsnetzwerk) bezeichnet. Auch im „Ruhe"-Zustand ist das Gehirn sehr aktiv. Zum Beispiel werden Eindrücke verarbeitet, erlebte Situationen erinnert und bewertet, die eigene Haltung dazu überprüft. Auch Fragen rund um die eigene Identität (Wer bin ich? Was will ich?) gehören dazu.

Die wandernden Gedanken können sich in positiver Weise auf Gegenwärtiges und Zukünftiges beziehen und einem Sinnieren über Möglichkeiten gleichen (z. B.: Wie gut mir der Blick aus dem Fenster gefällt! Ob ich heute noch einen Spaziergang mache? Ich könnte heute Abend eine Kürbissuppe kochen!). Es kann auch passieren, dass die Gedanken abschweifen, wenn wir uns eigentlich konzentrieren wollen, zum Beispiel bei der Lektüre eines Buches. Nach etlichen Zeilen bemerken wir dann, dass wir gar nicht wissen, was wir gerade gelesen haben. Wir haben die Kontrolle über die Aufmerksamkeit verloren, sind in den Standardmodus gefallen.

Des Weiteren können die Gedanken sich auch – und dann wird es belastend – in negativer Weise auf die Vergangenheit oder die Zukunft beziehen. Sie drehen sich womöglich um Selbstkritik und um Schuld- oder Schamgefühle (z. B.: „Ich hätte meine Mutter nicht so vor den Kopf stoßen sollen!", „Wie konnte ich mich im Meeting mit der Bemerkung nur so blamieren?") oder um Schuldzuweisungen (z. B.: „Wie konnte mir die Bekannte das nur antun?", „Mein Chef macht mir das Leben so fürchterlich schwer!"). Die Gedanken können in einem depressiven Hadern mit Geschehenem verhaftet sein (z. B.: „Ich hatte wirklich so ein Pech!", „Hätte ich mich doch nur anders entschieden!"). Schließlich können sie sich sorgenvoll und ängstlich in die Zukunft richten (z. B.: „Ob ich bei der Präsentation versage?", „Ob wohl bei der Untersuchung eine schlimme Krankheit festgestellt wird?"). In all diesen Fällen ist aus einem entspannten Gedankenwandern ein bedrückendes Grübeln geworden.

Grübeln unterscheidet sich deutlich von Nachdenken. Nachdenken ist nach vorne gerichtet und lösungsorientiert. Man überlegt konstruktiv, wie man mit einer Situation am besten fertig wird und was man verändern kann. Grübeln hingegen ist rückwärtsgewandt und destruktiv, dreht sich im Kreis und führt nirgendwohin. Der Blick auf Handlungsmöglichkeiten ist verstellt, man steckt fest, verharrt in der Passivität, ein als unbefriedigend empfundener Ist-Zustand verfestigt sich. Gefühle von Traurigkeit,

Wut und Ohnmacht verstärken sich beim Grübeln. Häufig reichen kleine Auslöser, um Grübeleien in Gang zu bringen. Kurzfristig verschafft Grübeln Erleichterung, hat es doch zunächst den Anschein, als würde man sich dadurch mit den Problemen bzw. den schwierigen Gefühlen, die man hat, auseinandersetzen. Doch entweder bleiben die Themen unkonkret oder die krampfhafte Suche nach einer Lösung für ein bestimmtes Problem bringt letztlich kein Ergebnis, weil jede angedachte Lösung sogleich wieder verworfen wird. Die Grübelgedanken entwickeln eine Eigendynamik, kreisen immer weiter, entfalten eine regelrechte Sogwirkung. Entsprechend schwer fällt es, aus dem Gedankenkarussell auszusteigen.

Einen Hang zum Grübeln haben insbesondere Menschen, die eher selbstunsicher und selbstkritisch sind und die einen hohen Anspruch an sich selbst haben. Verstärkt wird die Neigung durch die Erfahrung, dass andere Menschen die eigene Person und das eigene Können in Frage stellen. Grübeln rührt aus einem instabilen Selbstwertgefühl und greift den Selbstwert noch weiter an. Insofern ist es ein Teufelskreis.

Kurz noch zur Abgrenzung von normalem und pathologischem Grübelverhalten. Bei einem Menschen, der sich in einer akuten Konflikt- oder Krisensituation befindet, sind grüblerische Gedanken verständlich und normal. Ob das Grübeln noch im gesunden Bereich liegt, hängt vom Ausmaß des dadurch bedingten Leids und der Einschränkung im Alltagsleben ab. Krankheitswert bekommt es, wenn die grüblerischen Gedanken über längere Zeit gar nicht mehr kontrollierbar sind, den Menschen geradezu lähmen und an der Ausführung seiner normalen Tätigkeiten hindern und / oder regelmäßig vom Schlafen abhalten. Dann kann es sich um eine Depression oder eine Angststörung handeln und es wäre angeraten, therapeutische Hilfe zu suchen.

Nun komme ich auf den Gegenspieler zum oben genannten Ruhezustandsnetzwerk zu sprechen. Immer dann, wenn etwas ansteht, wobei automatisiertes Handeln nicht mehr ausreicht, wird das Ruhezustandsnetzwerk deaktiviert und die kognitive Kontrolle setzt ein: beim gezielten Nachdenken, beim bewussten Entscheiden, beim Entwickeln von Strategien und Plänen, beim zielgerichteten Handeln, beim konzentrierten Lösen von schwierigen Aufgaben (die eben nicht Routine sind), bei herausfordernden motorischen Aufgaben, beim bewussten Steuern der Aufmerksamkeit, auch bei der emotionalen Selbstkontrolle. Für das Netzwerk, das dann übernimmt, finde ich keinen einheitlichen Begriff, sondern verschiedene Bezeichnungen: „Direct Experience Network" oder „exekutives Kontrollnetzwerk" oder „exekutive Funktionen". Der Psychologe Daniel Kahneman unterscheidet in seinem Buch *Schnelles Denken, langsames Denken* (2016) zwei Arten des Denkens: das schnelle, intuitive und emotionale Denken von „System 1" und das langsamere, analysierende und logische Denken von „System 2". Dabei entspricht „System 2" den „exekutiven Funktionen".

Der für das Thema Grübeln entscheidende Punkt ist, dass beide Netzwerke nicht gleichzeitig aktiviert sein können. Dies liefert die theoretische Begründung dafür, dass Achtsamkeitsübungen, in denen man sich bewusst auf den Atem oder auf das Wahrnehmen von Sinneseindrücken fokussiert, ebenso wie das Ausführen anspruchsvoller geistiger und körperlicher Aufgaben sowohl zerstreute Gedanken als auch Grübeleien wirkungsvoll unterbrechen.

Ich neige sehr stark zum Grübeln. Es fühlt sich an, als würde ich in einen Sog geraten, aus dem ich nur sehr schwer wieder herauskomme. Typische Anlässe sind Auseinandersetzungen mit mir nahe stehenden Personen, da ich dazu neige, die Verantwortung für Konflikte bei mir zu suchen. Wenn ich denke, dass ich einen Fehler gemacht habe, treibt mich das sehr lange um. Auch Unstimmigkeiten im Beruf können dazu führen, dass die Gedanken anfangen, Karussell zu fahren. Gewissermaßen empfinde ich es so, als würde ich mich beim Grübeln um mich selbst drehen. Dann hilft es mir, mich mit etwas zu beschäftigen, was außerhalb von mir selbst ist. Zum Beispiel das Abendessen mit der Familie, Blumen gießen oder Kreuzworträtsel lösen. Hätte ich einen Hund, würde ich mit dem spazieren gehen. Auf jeden Fall ins Tun kommen. Langfristig helfen mir regelmäßige Meditation, Sport, Bewegung in der Natur und soziale Kontakte. (Svenja)

Ja, die Neigung zum Grübeln habe ich. Über Dinge und Situationen nachzudenken, führt zu Erkenntnissen und Lösungen. Aber das Grübeln, bei dem sich die Gedanken in quälenden Endlosschleifen verlieren, ist belastend. Anlässe fürs Grübeln sind bei mir meistens Konfliktsituationen und die Konfrontation mit Problemen, die ich nicht beeinflussen kann. Ein Gedankenstopp, den ich mir selber setze, kann mich davor bewahren, in diese Schleifen zu geraten. Ich zwinge dann bewusst meinen Gedanken eine neue Richtung auf. (Evi)

> *Wie das so ist mit dem Gedankenkarussell, es setzt meist dann ein, wenn man es am wenigsten gebrauchen kann: wenn es einem eh schon nicht so gut geht. Es gilt also, die in Schieflage geratene Gemütslage mit Ablenkung – schöner Musik, einem guten Buch, einem Spaziergang, einem Telefonat mit einem Lieblingsmenschen etc. – und positiven Gedanken zu verbessern. (Birgit)*

> *Ja, ich neige zum Grübeln. Dazu braucht es manchmal gar keinen Anlass. Innere oder äußere Konfliktsituationen begünstigen dieses Grübeln und ich bin dann mit meinen Gedanken und besonders mit meinen Gefühlen identifiziert. Sobald ich jedoch dessen gewahr werde, kann auch schon der Ausstieg aus der Grübelfalle beginnen. Dann wechsle ich in die Beobachter-Rolle. Was ich festgestellt habe: Wenn ich grüble, lebe ich im Gestern oder im Morgen, aber leider nicht im gegenwärtigen Moment. Um dies zu verhindern, hilft mir mein Atem. Er ist für mich wie ein Anker, um mich immer wieder mit dem Jetzt zu verbinden. (Katinka)*

Was für Sie hilfreich sein kann

> „Lebenskunst: Das Grübeln über die Vergangenheit oder Sinnieren über die Zukunft sollte öfters durch das Spüren der Gegenwart ersetzt werden."
>
> Helmut Glaßl (*1950)

Machen Sie eine Bestandsaufnahme!

Grübelgedanken auf die Schnelle und für immer verbannen zu wollen, wäre illusorisch, denn Grübeln ist eine ziemlich mächtige Denkgewohnheit. Doch wie andere Gewohnheiten auch, können Sie diese Gewohnheit nach und nach ablegen. Und Sie können den kreisenden Negativgedanken durchaus etwas entgegensetzen.

Fangen Sie an mit einer Selbstbeobachtung über circa eine Woche hinweg und schreiben Sie auf, was Sie dabei feststellen. Bleiben Sie in einer neutralen, nicht urteilenden Haltung. Was sind Ihre Grübelmechanismen? Was löst das Grübeln aus? In welcher Umgebung grübeln Sie? Zu welcher Zeit und in welcher Verfassung grübeln Sie? Was ist der Inhalt Ihrer wiederkehrenden Grübelgedanken?

Matthias Wengenroth erklärt in seinem Buch *Das Leben annehmen – So hilft die Akzeptanz- und Commitment-Therapie* (2016) den Effekt des Aufschreibens: „Allein dadurch, dass ich aufschreibe […], was in meinem Kopf vorgeht, bin ich gezwungen, überhaupt erst einmal hinzusehen, was denn dort ist. […] Schreibe ich, dann habe ich schwarz auf weiß vor mir, was vorher vage und flüchtig in meinem Kopf umherschwirrte. Jetzt steht es da auf dem Blatt, und ich kann überlegen, was ich damit anfangen will. Ob ich überhaupt etwas damit anfangen will. Es macht mich ein wenig freier von den Wörtern und Sätzen, die mich vorher womöglich fest im Griff hatten." Ich meine, das ist allemal einen Versuch wert!

Setzen Sie einen Gedankenstopp!

Mit der Zeit werden Sie immer routinierter in der Selbstbeobachtung und haben somit die Möglichkeit, beizeiten einzuschreiten und das Grübelmuster zu durchbrechen. Sobald Sie merken, dass Sie drauf und dran sind, ins Grübeln zu geraten, sagen Sie sich innerlich: STOPP! Oder Sie sprechen das Wort sogar laut aus. Vielleicht holen Sie auch ein vorbereitetes Blatt Papier hervor, auf dem in Großbuchstaben STOPP steht. Unterstützen Sie den Gedankenstopp, indem Sie den Platz wechseln, sodass etwas anderes in Ihr Blickfeld rückt, und indem Sie sich bewusst mit etwas anderem beschäftigen, das Ihre volle Aufmerksamkeit benötigt.

Obwohl es sein kann, dass die schweren Gedanken Sie nach einer Weile wieder einholen, ist es eine wertvolle Erfahrung, die Warte des Beobachters eingenommen zu haben und mit dem Stopp ein Stück Kontrolle über das Grübeln gewonnen zu haben.

Der Gedankenstopp ist als eine Unterbrechung zu verstehen, nicht als ein Denkverbot. Denn es ist ja bekannt, dass eine Aufforderung, die ein „nicht" enthält, nicht funktioniert. Sicher kennen Sie die Demonstration dazu mit dem Satz „Denken Sie nicht an einen rosa Elefanten!", der im Kopf desjenigen, an die sich der Appell richtet, zuverlässig sofort einen rosa Elefanten auftauchen lässt.

Legen Sie einen Grübelort und Grübelzeiten fest

Ein Tipp, von dem ich mehrfach gelesen und gehört habe und der mir einleuchtet, ist, einen Grübelort und Grübelzeiten festzulegen, an dem und zu denen man sich ausdrücklich erlaubt zu grübeln. Kommen Grübelgedanken zu anderen Zeiten, lässt man sich davon nicht vereinnahmen, sondern verschiebt sie auf später. Der Ort sollte nicht zu bequem sein (also nicht der Lieblingssessel oder das Sofa) und die Dauer sollte jeweils 15 Minuten nicht überschreiten. Die positive Wirkung liegt darin, dass das Grübeln selbst gesetzten Regeln und damit einer gewissen Kontrolle unterworfen wird. Probieren Sie es aus!

Tun Sie etwas Aktives!

Um nicht im Grübeln zu versinken, können Sie es mit Ablenkung versuchen, zum Beispiel einen Film anschauen oder Musik anhören. Es müsste allerdings schon ein spannender Film oder eine mitreißende Musik sein, damit Sie am Weitergrübeln gehindert werden. Etwas im Haushalt zu tun, hat leider meist auch nicht den gewünschten Effekt, denn beim Staubsaugen oder Spülmaschine-Ausräumen können Sie ohne Weiteres das Grübeln fortsetzen, da diese Tätigkeiten automatisiert ablaufen. Die Empfehlung geht deshalb dahin, etwas Aktives zu tun, das Ihre ungeteilte Konzentration erfordert. Die überfällige Haushaltsabrechnung zum Beispiel. Dann haben Sie hinterher auch noch das gute Gefühl, ein To-do erledigt zu haben. Oder Sie treiben Sport. Worauf es ankommt, ist, dass die geistige oder körperliche Aufgabe so anspruchsvoll ist, dass Ihre Gedanken ganz in Anspruch genommen werden. Vielleicht gehen Sie auch in den Garten, pflanzen etwas um oder jäten Unkraut. Der Aufenthalt im Freien lässt den Kopf frei werden.

Besonders wirksam ist ein Spaziergang in der Natur, weil dort alle Sinne angesprochen werden. Die Schönheit der Natur und die vielfältigen Naturgeräusche ziehen auf eine ganz natürliche Weise die Aufmerksamkeit auf sich, lassen Sie Abstand gewinnen zu den Problemgedanken und in die Entspannung kommen. Ein Blick über die Weite der Landschaft kann den Blickwinkel auf Probleme verändern. Wenn wir uns auf ein Naturerleben einlassen, können wir eine Naturfaszination erfahren, die uns unserer grüblerischen und sorgenvollen Gedanken enthebt.

Finden Sie heraus, was für Sie am besten geeignet ist!

Rücken Sie gedankliche Verzerrungen zurecht!

> *„Glaube nicht alles, was du denkst."*
> Byron Katie (*1942)

Machen Sie sich bewusst, dass die Gedanken, die in Ihrem Kopf herumgeistern, und die Szenarien, die Sie sich ausmalen, keine Fakten sind und nicht die reale Welt abbilden. Man hat immer einen subjektiven Blick auf die Wirklichkeit und nimmt immer selektiv wahr. Beim Grübeln werden typischerweise Gedankenkonstrukte gesponnen, die sich immer weiter von der Realität entfernen und immer weiter ausdehnen. Dabei werden einseitig nur noch die negativen Aspekte berücksichtigt, das Positive nicht mehr in Erwägung gezogen. Komplexe Situationen werden unzulässig vereinfacht und einem Schwarz-Weiß-Denken unterworfen, Menschen in Schubladen gesteckt, einzelne Vorkommnisse verallgemeinert, Kleinigkeiten aufgebauscht. Sicher liegt in den Konstrukten ein wahrer Kern, aber darum herum denken Sie eine Menge hinzu, leider vor allem Negatives, geleitet von Verletztheit, Unsicherheit und Besorgnis. Hinderliche Glaubenssätze und mancher Irrglaube tun dabei ihr Übriges, sodass der Weg zum vernünftigen Denken regelrecht verbaut ist.

Machen Sie sich daran, Licht ins Dunkel zu bringen und Hindernisse beiseite zu räumen. Gehen Sie so rational wie möglich an Ihre negativen Gedanken heran und stellen Sie sie auf den Prüfstand. Was sind die Fakten? Wie haben Sie die Fakten interpretiert? Was haben Sie daraus für „Geschichten" entwickelt? Welche Szenarien sind Ihrer (Katastrophen-) Fantasie entsprungen? Welche Faktoren, die Sie zuversichtlich stimmen könnten, haben Sie bisher außer Acht gelassen? Welche Differenzierung im Denken können Sie nun vornehmen?

Vielleicht kann ein guter Freund, eine gute Freundin oder Ihr Partner bzw. Ihre Partnerin Sie in diesem Korrektur- und Klärungsprozess begleiten. Ein Blick von außen kann sehr hilfreich sein. Und der offene Austausch und das Miteinander sind ohnehin wohltuend.

Fragen Sie um Rat!

Suchen Sie das Gespräch. Treffen Sie jemanden, mit dem Sie sich wohlfühlen, dem Sie vertrauen und der Ihnen wohlwollend gegenübersteht. Bitten Sie um eine andere Meinung und fragen Sie um Rat. Selbst wenn Sie dem nicht eins zu eins folgen, bekommen Sie doch andere Sichtweisen und neue Anregungen. Und Ihnen wird selbst klarer, was Sie tun wollen und was nicht. Auf jeden Fall durchbricht ein Gespräch das Grübeln.

Kommen Sie vom Grübeln ins konstruktive Nachdenken!

Sich gar keine tiefgehenden Gedanken mehr zu machen, sein eigenes Handeln nicht mehr zu hinterfragen, kann nicht das Ziel sein (schon gar nicht für HSP!). Das Überdenken bestimmter Geschehnisse, Situationen und Entscheidungen ist an sich eine gute Sache. Eine gewisse Besorgnis ist gut, um mit der nötigen Vorsicht an die Dinge heranzugehen. Nur das anhaltende Beklagen von Unabänderlichkeiten, das im Übermaß betriebene Analysieren, das endlose Durchgehen verschiedener Handlungsmöglichkeiten, das Erdenken von Katastrophenszenarien ist nutzlos und sogar schädlich, weil damit aus Durchdenken ein Zerdenken wird. Sie hätten also schon sehr viel erreicht, wenn Sie sich nicht mehr über jede Kleinigkeit den Kopf zerbrechen und nicht mehr so häufig in den Strudel der Grübelgedanken geraten würden. Ziel ist also, das unproduktive Nachdenken (= Grübeln) in ein produktives Nachdenken zu verwandeln.

Unterscheiden Sie zwischen den Dingen, auf die Sie Einfluss nehmen können, und denen, die außerhalb Ihres Einflussbereichs liegen. Ebenso zwischen denen, die nicht mehr zu ändern sind, weil sie nun mal geschehen sind, und denen, die sich noch ändern lassen. Richten Sie Ihre Gedanken auf das Machbare. Überlegen Sie, welche konkreten Entscheidungen und Handlungen Sie aus einer festgefahrenen Lage befreien können.

Das noch: Auch mit noch so viel Nachdenken können Sie ein gewisses Maß an Unsicherheit, was die Auswirkung Ihrer Handlungen und künftige Entwicklungen angeht, nicht beseitigen. Sie können nur lernen, mit der Unsicherheit zu leben und sich trotzdem auf neue Erfahrungen einzulassen.

Gehen Sie Konflikte an!

Oft stecken hinter dem vielen Grübeln zwischenmenschliche Konflikte. Die lassen sich nicht alle lösen, schon gar nicht alle auf einmal und von heute auf morgen. Aber gibt es nicht doch den ein oder anderen Fall, in dem Sie eine Aussprache zeitnah (erneut) suchen könnten? Ergreifen Sie die Initiative und gehen Sie auf den anderen zu. Zeigen Sie sich mit Ihren Gefühlen, Bedürfnissen und Wünschen, verschaffen Sie sich Gehör und machen Sie Ihren Einfluss geltend. Aber seien Sie nicht zu festgelegt, wie eine Einigung genau aussehen soll. Hören Sie sich auch an, was Ihr Gegenüber zu sagen hat und welche Vorschläge es macht. Jeder beigelegte Konflikt kann Sie motivieren, noch mehr Klärungen und Lösungen herbeizuführen.

Gehen Sie auf Abstand zu Ihren Problemgedanken!

Machen Sie sich mit Achtsamkeitsübungen vertraut. Diese können Ihnen eine große Hilfe dabei sein, einen gewissen inneren Abstand zu den Grübelgedanken herzustellen, ihnen gegenüber quasi eine Zuschauerrolle einzunehmen. Was damit gemeint ist, erläutert Matthias Wengenroth im Buch *Das Leben annehmen:* „Es gibt zwei Haltungen, die wir zu unseren Gedanken einnehmen können: Wir können mit ihnen verschmolzen sein oder wir können Abstand zu ihnen haben. Man könnte auch sagen, wir können an unseren Gedanken kleben oder uns von ihnen lösen. Oder: Wir können in unseren Gedanken drinstecken oder unsere Gedanken wie von außen beobachten. Die Beobachtung von Gedanken, ohne mit ihnen zu verschmelzen, ist eine Fähigkeit, die sich trainieren lässt. Dabei helfen […] Achtsamkeitsübungen."

Beim Üben von Achtsamkeit geht es darum, Gedanken und Gefühle bewusst wahrzunehmen, sie so anzunehmen, wie sie sind, sie nicht zu beurteilen. Wir nehmen eine neugierige, offene und wohlwollende Haltung ein. Aus dieser Haltung heraus erlauben wir uns, die Gedanken und Gefühle zu haben, die eben da sind, ob wir sie mögen oder nicht. Und wir gehen mit Situationen akzeptierend um, ob sie so sind, wie wir es gerne hätten oder nicht. Wir lassen Erwartungen los. Wir lassen Gedanken vorüberziehen wie Wolken, die kommen und gehen, reagieren nicht darauf, versuchen weder, sie zu verscheuchen noch nach ihnen zu greifen. Die Aufmerksamkeit ist auf den gegenwärtigen Moment gerichtet, auf das unmittelbare Erleben, auf Sehen, Hören, Fühlen, Riechen und Schmecken.

Die wohltuende Erfahrung beim Praktizieren von Achtsamkeit in einer Meditation beschreibt der buddhistische Mönch Matthieu Ricard im Buch *Jenseits des Selbst* (Singer & Ricard, 2018) so: „Genießt man die Frische des gegenwärtigen Moments, ist man frei von allen Grübeleien, negativen Emotionen, Frustrationen und anderen inneren Konflikten. Lernt man, in jedem Augenblick mit den aufkommenden Gedanken umzugehen, kann man sich diese innere Freiheit bewahren."

Halten Sie Mediendiät!

Denken Sie daran, dass alles, was Sie an Eindrücken aufnehmen, gedanklich verarbeitet werden muss und Ihnen womöglich für längere Zeit im Kopf herumspukt. Neben den Eindrücken aus Ihrem persönlichen Erleben sind es auch die, die Sie über die Medien aufnehmen. Ich denke da zum Beispiel an die Pandemie, die Klimakrise, Kriege, Inflation, an Katastrophen aller Art, Not leidende Menschen und Tiere. Wir fühlen uns ohnmächtig angesichts von so viel Bedrohung, Elend und düsteren Zukunftsprognosen. Es sind insbesondere Bilder und Filme, die in uns besonders starke Betroffenheit, Trauer und Ängste auslösen und die uns lange nicht aus dem Kopf gehen. Der Tipp lautet also: Schränken Sie Ihren Medienkonsum sinnvoll ein. Es braucht keine Schreckensbilder, um informiert zu bleiben. Wählen Sie Nachrichten und Berichte über schlimmes Weltgeschehen eher in Form von Text und Hörbeiträgen und eher weniger häufig, zusammenfassend und mit Hintergrundanalysen.

> **IMPULS: Bringen Sie sich auf andere Gedanken!**
>
> Als Grübeln bezeichnet man ein angestrengtes, quälendes, sich in Kreisen drehendes Denken, das zu keinem greifbaren Ergebnis führt. Grübelgedanken können sich hadernd auf Vergangenes oder sorgenvoll auf Zukünftiges beziehen, oft stellen sie das eigene Können, den eigenen Wert und die eigene Stellung in der Gemeinschaft in Frage. Grübeln ist immer von negativen Emotionen begleitet. Spiralen aus Problemgedanken entfalten geradezu eine Sogwirkung und ziehen stimmungsmäßig immer weiter nach unten.
>
> Gelegentliches Grübeln in schwierigen Lebenssituationen ist normal und menschlich. Bei häufigerem Grübeln über lange Zeit hinweg ist es gut, Wege zu finden, wie man gegensteuern und nach und nach Kontrolle über die Grübelgedanken gewinnen kann. Dazu gehört, die destruktiven Denkmuster und die kognitiven Verzerrungen zu erkennen und zu verändern bzw. zurechtzurücken, außerdem im Rahmen des Machbaren nach konkreten Lösungsansätzen für Probleme und Konflikte zu suchen.
>
> Um das akute Grübeln zu unterbrechen, ist es am besten, sich bewusst einer anspruchsvollen geistigen oder körperlichen Tätigkeit oder einem sinnlichen Erleben zuzuwenden, die bzw. das die Gedanken ganz auf sich zieht. Empfehlenswert ist außerdem das Einüben einer Achtsamkeitspraxis, bei der man aus einer Beobachterposition heraus Gedanken und Gefühle kommen und gehen lässt, ohne sie zu bewerten und ohne mit ihnen zu verschmelzen.

17. | Perfektionismus

> *„Der Wunsch nach Vollkommenheit ist die schrecklichste Krankheit, die je den menschlichen Geist befallen hat."*
>
> Theodor Fontane (1819–1898)

HSP haben vielfach eine deutliche Tendenz zum Perfektionismus. Dazu tragen bei: ihr Blick für Feinheiten und ihre Liebe zu Details, ihr übergreifendes Denken, das unzählige Aspekte mit einbezieht, sowie ihre emotionale Verletzlichkeit, die Kritik schnell zu einem Angriff auf das Selbstwertgefühl werden lässt.

Wenn wir über Perfektionismus sprechen, ist es mir wichtig, diesen sogleich abzugrenzen von dem gesunden Bestreben, sein Bestes zu geben, Nutzen zu stiften, Freude zu bereiten, etwas ausgesprochen Schönes zu erschaffen, etwas harmonisch zusammenzustellen, etwas passend auszuwählen, gute Arbeit zu leisten, sich in seinem Wissen und Können zu verbessern, sich weiterzuentwickeln und zu wachsen. Während es beim Wunsch nach Vervollkommnung und Verbesserung zuvorderst um einen freudigen inneren Antrieb und die Sache selbst geht, zielt Perfektionismus sehr einseitig darauf ab, die dringlich ersehnte Bestätigung von außen zu bekommen, geleitet von der bangen Frage „Was werden andere von mir denken?". Verwirrend ist, dass im allgemeinen Sprachgebrauch mit Perfektionismus sowohl der funktionale, gesunde Perfektionismus gemeint sein kann als auch der dysfunktionale ungesunde Perfektionismus.

Ich ziele in meinen Ausführungen auf den ungesunden Perfektionismus ab und meine damit das überzogene Streben nach Vollkommenheit, Bestleistung und Fehlervermeidung. Perfektionisten legen extrem hohe Maßstäbe an sich an, setzen sich selbst unter Leistungsdruck. Sie knüpfen ihren Selbstwert an das Erreichen von Perfektion. Da ihre Zielsetzungen unrealistisch und überfordernd sind, bleibt das Leiden nicht aus. Perfektionismus ist schon deshalb so aufreibend und frustrierend, weil in vielen Fällen gar nicht klar ist, wann 100 Prozent erreicht worden sind, denn Perfektion ist sozusagen ein bewegliches Ziel, das sich dem Erreichen entzieht.

Geht man der Frage nach, welche Motivation denn eigentlich dem Perfektionismus zugrunde liegt, stößt man auf die unbewusste Logik, man könne der Gefahr, durch Kritik, Abwertungen oder persönliche Angriffe beschämt und verletzt zu werden, entgehen, indem man sich tadellos präsentiert und verhält, alle Aufgaben in Perfektion ausführt und Erwartungen anderer zu deren vollsten Zufriedenheit erfüllt. Zugleich steckt im Perfektionismus ein Ringen um positive Beachtung, Lob, Anerkennung und Geliebtwerden.

Perfektionismus ist also eine Strategie, die einerseits vor dem Schmerz schützen und andererseits Achtung und Geltung verschaffen soll. Eine Strategie, die allerdings auch mit noch so viel Einsatz nicht zuverlässig funktioniert, weil es sich zu einem großen Teil unserer Kontrolle entzieht, wie andere uns und unser Tun wahrnehmen und bewerten. Trotz des kräftezehrenden Perfektionsstrebens sind wir also niemals sicher vor Kritik, abwertenden Kommentaren und Zurückweisungen. All das wird uns womöglich noch umso härter treffen, je mehr wir uns ins Zeug gelegt haben.

Der Grundstein für Perfektionismus wurde zumeist in der Kindheit gelegt, wenn es einerseits einen eklatanten Mangel an positiver Beachtung und bedingungsloser Liebe gab und andererseits eine Unmenge an Kritik hagelte. Wenn Bestätigung und Zuneigung nur über Fleiß und Strebsamkeit, gute Leistungen, gutes Benehmen, regelkonformes Verhalten usw. zu erlangen waren. Der erwachsene Mensch folgt dann immer noch dem Glaubenssatz, nur dann wertvoll zu sein, wenn Leistungen gezeigt und Erwartungen erfüllt werden, und er verbiegt und erschöpft sich, um zu gefallen und geliebt zu werden.

Traurigerweise wird die ersehnte Anerkennung und Zuneigung um seiner selbst willen auf diese Weise gerade nicht erreicht, weil die Persönlichkeit in ihrer Einzigartigkeit hinter einer Fassade verdeckt bleibt bzw. von der Anstrengung erdrückt wird. Das authentische Wesen, die eigentlichen Begabungen und Stärken, der individuelle Charme können nicht so richtig zum Vorschein kommen, nicht von anderen wahrgenommen werden, also auch nicht von ihnen geschätzt werden. Insofern ist Perfektionismus wahrlich kontraproduktiv.

Bleibt trotz aller Bemühungen um Perfektion die erhoffte Bestätigung aus und erfährt man Kritik und Ablehnung, zieht man im ungünstigen Fall den irrigen Schluss, man habe wohl noch nicht genug getan, sei noch nicht perfekt genug, und erhöht die Anstrengungen, weiter in dem Bestreben, alles „richtig" zu machen. Dieses für den Perfektionismus typische Vorgehen entspricht dem Prinzip „mehr desselben", ein Begriff, den der Kommunikationswissenschaftler und Psychotherapeut Paul Watzlawick geprägt hat. Gemeint ist, dass man mit einer erfolglosen Strategie eisern fortfährt, weil man so sehr auf einen bestimmten Lösungsansatz, der einem geläufig ist, fixiert ist.

Auf unbewusster Ebene sei Perfektionismus getrieben von der panischen Angst vor der eigenen Fehlerhaftigkeit bzw. davor, dass andere diese entdecken, einen infrage stellen oder gar sozial ausgrenzen, was eine existenzielle Bedrohung darstelle, erklärt der österreichische Psychotherapeut Raphael Bonelli in einem Vortrag mit dem Titel „Perfektionismus und innere Freiheit" (RPP Institut, 2015). Insofern würden Perfektionisten einem Sicherheitsstreben folgen, ohne jedoch auf diese Weise eine beruhigende Sicherheit zu erreichen. Und mit erheblichen Nachteilen, denn „Perfektionismus hemmt das Leben in seiner Fülle". Bonelli führt aus, wie wichtig es sei, aus einem hohen Ideal kein hohes Muss abzuleiten. Die Spannung zwischen „Soll" und „Ist" gelte es auszuhalten. Daran könne man wachsen, daran sollte man nicht verzweifeln. Um den Perfektionismus zu überwinden, brauche es die Integration der eigenen Fehlerhaftigkeit.

Brené Brown führt in ihrem Buch *Verletzlichkeit macht stark* (2017) aus, wie wenig Perfektionismus den erhofften Zweck erfüllt: „Perfektionismus ist nicht der Schlüssel zum Erfolg. Tatsächlich belegt die Forschung, dass Perfektionismus die Leistung beeinträchtigt. Er korreliert mit Depression, Ängstlichkeit, Sucht und innerer Lähmung oder verpassten Chancen. Die Angst, zu versagen, Fehler zu machen oder nicht den Erwartungen anderer Menschen gerecht zu werden, hält uns aus der Arena fern, in der sich gesunde Konkurrenz und angemessenes Bestreben entfalten."

> *Ich bin definitiv perfektionistisch, bringe mich selbst unter starken Druck und leide daher an Stress, Gedankenkreisen, schlechtem Gewissen und Unzufriedenheit. Ich verlange von niemand anderem, alles richtig zu machen, aber von mir selbst. Mein Perfektionismus ist nicht aus Ehrgeiz entstanden, sondern daraus, dass ich nicht anecken und nichts falsch machen will, keine Kritik ertragen kann und auch niemanden enttäuschen will. Mir ging es nie darum, gut dazustehen und positiv aufzufallen, das würde mich eher beschämen. Die Verbindung zur Hochsensibilität sehe ich darin, dass man als HSP ja auch sehr spürt, was der andere von einem erwartet, und deshalb umso mehr versucht, den Erwartungen zu entsprechen. (Rike)*

> *Ich denke, dass ich in einigen Bereichen perfektionistische Züge habe. Ich ertappe mich z. B. immer wieder dabei, dass ich Überstunden mache, um bei meinen Vorgesetzten gut dazustehen. Über Kritik grübele ich oft stundenlang nach und kann nachts schlecht schlafen. (Svenja)*

> *Ich erlebe mich in nahezu allen Bereichen meines Lebens als perfektionistisch. Diese Eigenschaft hat auch einen großen Anteil an meinem beruflichen Erfolg. Allerdings fehlt mir deshalb eine gewisse Leichtigkeit in meinem Privatleben und ich darf immer wieder daran arbeiten, Wichtiges von Unwichtigem zu unterscheiden. Es fällt mir außerdem nicht leicht, mir meine unterlaufenen Fehler zu verzeihen und gnädig mit mir umzugehen. Mit anderen Menschen kann ich weitaus nachsichtiger sein. Ich bin mir der Aufgabe bewusst, meinem Perfektionismus nicht allzu viel Raum zu geben. (Katinka)*

Was für Sie hilfreich sein kann

> „Am Ende ist Perfektion nur ein Konzept –
> eine Unmöglichkeit, die uns quält."
>
> Guillermo del Toro (*1964)

Treten Sie Perfektionismus entgegen!

Sehen Sie bei sich eine deutliche Tendenz zum Perfektionismus? Wie sehr beeinträchtigt er Ihr Leben? Wie sehr leiden Sie darunter? Nicht in jedem Fall gibt es Anlass zu großer Sorge. Vielleicht ist ja der Perfektionismus doch nicht so stark ausgeprägt, dass er das ganze Leben überschatten würde, oder er zeigt sich nur in bestimmten heiklen Phasen oder Bereichen. Sollte Perfektionismus Ihr Leben allerdings insgesamt und anhaltend extrem anstrengend und freudlos machen, ist es an der Zeit, ihm entschieden entgegenzuwirken. Da gehören dann auch Sprichwörter, aus denen Glaubenssätze geworden sind, wie „Ohne Fleiß kein Preis", „Erst die Arbeit, dann das Vergnügen", „Ordnung ist das halbe Leben" unbedingt auf den Prüfstand.

> *Der Zusammenhang zwischen Hochsensibilität und Perfektionismus liegt vermutlich darin, dass man in der Lage ist, viele kleine Nuancen zu bemerken, und diese dann auch beachten möchte. Perfektionismus hat mich schon oftmals beeinträchtigt im Leben. Ich übe mich jedoch darin, zu mehr Gelassenheit zu finden. Das ist eine Langzeitaufgabe. Vielleicht ist ja Gelassenheit das Gegenteil von Perfektionismus. Beispielsweise durchdenke ich Situationen und frage mich, was würde passieren, wenn es nicht perfekt läuft. Wäre das so schlimm? (Evi)*

> *Perfektionismus ist an manchen Stellen ein Thema für mich. Ich weiß, dass ich nicht perfekt sein kann, aber auch mit kleinen Abstrichen ist es oft sehr anstrengend, da ich doch versuche, mein Bestes zu geben. Es auszuhalten, Fehler zu machen, ist eine Baustelle, die noch Zeit braucht. Ich bin nicht zwanghaft, liebe aber gewisse Strukturen. Eine schlichte Ordnung im Raum, eine optische Harmonie am gedeckten Tisch, ein sofortiges Aufräumen nicht mehr benötigter Dinge bei Aktivitäten wie Kochen oder Backen. Den Einkauf im Laden schon auf dem Transportband von schwer nach leicht bzw. von stabil zu empfindlich sortieren. Vernünftig in der Parklücke stehen ... (ich glaube gerade, ich bin doch zwanghaft).*

> *Aufgrund körperlicher Beschwerden kann ich oft nicht die Energie aufbringen, meinem hohen Anspruch gerecht zu werden. Ein Beispiel dafür ist aktuell der Garten. Mein „Bestes" ist dann nicht mein gewünschtes, sondern mein möglichstes Ergebnis, was mich nicht zufrieden stellt. Allerdings weiß ich sehr genau, dass ich nicht daran arbeiten sollte, mehr zu schaffen, sondern daran, die Messlatte tiefer zu legen und das Ziel flexibler zu gestalten. (Bea)*

> *Das mit dem Perfektionismus ist so eine Sache. Es ist nicht so, dass ich darunter wirklich leide. Wobei ich denke, dass es früher schlimmer war mit meinem Anspruch, perfekt zu sein. Schwierig ist eher die Tatsache, dass ich die 100 % (oder sind es 150 %?), mit denen ich die Dinge erledige, auch gerne in meinem Umfeld voraussetze und ungeduldig reagiere, wenn da nur gefühlte 50 % kommen. So ein bisschen mehr Laissez-faire würde ich mir für mich ab und an schon wünschen. Ich arbeite daran! (Birgit)*

Bewahren Sie den wertvollen Kern im Perfektionismus!

Engagement, Genauigkeit, Gründlichkeit, Gewissenhaftigkeit und Sorgfalt sind wertvolle Qualitäten, bei manchen Aufgaben unabdingbar (denken Sie nur an eine Pilotin oder einen Chirurgen!). Nur in ihrer Übersteigerung werden diese Qualitäten zum ungesunden Perfektionismus. Sie werden nur dann zum Problem, wenn sie einseitig das Verhalten bestimmen und die ausgleichenden Qualitäten wie Gelassenheit, Fehlertoleranz, Großzügigkeit, Güte und Nachsicht sehr schwach ausgeprägt sind. Geben Sie also die genannten Tugenden nicht ganz auf, lassen Sie nur öfter auch einmal die Gegenspieler zum Zuge kommen. Und bringen Sie sich selbst Einfühlung, Verständnis und Akzeptanz entgegen, wenn mal etwas schief geht oder Ihnen nicht so gut gelingt oder wenn Sie mal ein kritisches Feedback bekommen.

Verringern Sie die Abhängigkeit von der Meinung anderer!

Ein gutes Stück unabhängiger zu werden von der Zustimmung und Bestätigung der Mitmenschen, ist ein sinnvolles Ziel. Allerdings können wir in der Hinsicht nie völlig unabhängig werden, denn als Gemeinschaftswesen sind wir auf Beachtung, soziale Anerkennung, Zugehörigkeit, Zuneigung und verlässliche Bindungen angewiesen.

Es ist also normal und okay, auf die eigene Außenwirkung bedacht zu sein, Stärken in den Vordergrund zu stellen und Schwächen möglichst in den Hintergrund treten zu lassen. Es ist ebenso normal und okay, sich im eigenen Verhalten ein Stück weit auf andere einzustellen und deren Vorlieben und Wünsche zu berücksichtigen, um andere für sich zu gewinnen, Harmonie und Einvernehmen herzustellen und Erfolge zu erzielen. Solange man das alles nicht maßlos und um jeden Preis tut und nicht in ein selbstschädigendes Verhalten verfällt.

Die entscheidende und befreiende Erkenntnis ist: Wir brauchen Zustimmung und Bestätigung nicht vom jedem, nicht jederzeit und nicht zu allem, was wir tun. Es wird immer Leute geben, die uns nicht mögen (und die wir umgekehrt vielleicht auch nicht so mögen), und solche, die uns zwar mögen, aber trotzdem nicht alles gut finden, was wir sagen und tun. Ansichten und Meinungen sind nun mal unterschiedlich. Und Urteile und Bewertungen sind ganz oft eine sehr subjektive Angelegenheit.

Relativieren Sie Kritik!

> *„Mit der beste Ratschlag, den ich je erhielt: ‚Nimm keine Kritik von Leuten an, die Du nicht von Dir aus um Rat fragen würdest.'"*
>
> Morgan Freeman (*1937)

Andere Menschen kritisieren uns längst nicht nur, wenn es einen nachvollziehbaren und berechtigten Anlass zur Kritik gibt. Sie kritisieren uns auch aus verschiedenen anderen Gründen: Weil sie bestimmte an uns gerichtete Erwartungen hatten, weil sie andere Vorstellungen von der gebotenen Herangehensweise und Ausführung der Aufgaben haben, weil sie Vollkommenheit auf ihre Weise auslegen, vielleicht auch, weil sie wegen etwas ganz anderem unzufrieden sind. Der Philosoph Baruch de Spinoza (1632 – 1677) formulierte es so: „Das, was Paul über Peter sagt, sagt mehr über Paul aus als über Peter."

Seien Sie milde mit sich!

Um von einem erdrückenden Perfektionismus wegzukommen, braucht es eine Veränderung in der Einstellung sich selbst gegenüber. Nehmen Sie Abstand von gnadenloser Selbstkritik und Selbstverurteilung. Und begegnen Sie sich stattdessen mit Selbstachtung und Selbstannahme.

Der Weg dorthin führt unter anderem über das Zurückschauen auf die eigene Biografie und das tiefe Mitgefühl mit dem verletzten Kind von früher, das auf Nichtbeachtung, Abwertung und Beschämung mit erhöhtem Bemühen, die Erwartungen der Bezugspersonen zu erfüllen, reagierte und diese Lösungsstrategie bis ins Erwachsenenalter beibehalten hat. Was aber keineswegs heißt, dass die perfektionistischen Verhaltensmuster auch für die Zukunft so festgeschrieben sein müssen. Sie können mit der Zeit lernen, öfter auch einmal etwas gut sein zu lassen, obwohl es nicht „perfekt" ist.

Üben Sie sich in Fehlertoleranz!

Gestehen Sie sich Fehler und Misserfolge zu. Nobody is perfect! Es ist menschlich, Fehler zu machen und an der einen oder anderen Aufgabe zu scheitern. Manches Mal werden wir hinter den eigenen Erwartungen und/oder den Erwartungen anderer zurückbleiben. Wahrscheinlich bedeutet das, dass die Erwartungen unpassend, überhöht und unrealistisch waren. Außerdem ist es so, dass uns nun einmal nicht alles gelingt, dass wir nicht alles, was wir begonnen haben, zu Ende führen, dass wir es nicht in allem, was wir betreiben, zur Meisterschaft bringen, dass nicht alles, was wir erschaffen, einen Schönheitspreis bekommt, nicht alles, was wir abliefern, nobelpreisverdächtig ist. Muss es auch nicht. Es muss nicht immer alles außerordentlich gut sein. Gut ist ganz oft gut genug. Definieren Sie sich nicht länger über einzelne Arbeitsergebnisse. Sie sind viel mehr als das. Sie sind wertvoll. Einfach so.

Erschließen Sie sich die Zwischenstufen!

> „Kontinuierliche Verbesserung ist besser
> als hinausgeschobene Perfektion."
> Mark Twain (1835 – 1910)

In Gesprächen mit Coachees, die sich selbst als perfektionistisch bezeichnen, ist mir aufgefallen, dass sie häufig in einem Alles-oder-nichts-Denken verhaftet sind. Für sie gibt es nur ganz oder gar nicht. Für halbe Sachen gewähren sie sich selbst keine Anerkennung. Das führt dazu, dass sie manche Aufgabe gar nicht erst anpacken. Wie schade!

Schließlich ist es doch so: Eine kurze Mail an einen Freund, die ich tatsächlich zeitnah schreibe, ist mehr wert als eine lange, die ich mir nur vornehme. Eine kleine Runde im Wald, die ich heute spazieren gehe, ist mehr wert, als eine ausgedehnte Wanderung, die über das Planungsstadium nicht hinauskommt. Die noch am selben Tag halbwegs aufgeräumte Wohnung ist besser als der gründliche Frühjahrsputz, der noch zum Sommeranfang auf sich warten lässt. Kleine Taten zählen allemal mehr als große Vorhaben, die nicht umgesetzt werden.

Das kategorische Denkmuster „ganz oder gar nicht" bedarf also unbedingt der Lockerung, um dem lähmenden Perfektionismus die Stirn bieten zu können. Schließlich gibt es zwischen Schwarz und Weiß ganz viele Grautöne.

Haushalten Sie vernünftig mit Ihrer Zeit!

Denken Sie an das Paretoprinzip, das besagt, dass 80 Prozent des Ergebnisses mit 20 Prozent des gesamten Aufwands erzielt werden. Die restlichen 20 Prozent des Ergebnisses erfordern 80 Prozent des gesamten Aufwands, also einen unverhältnismäßig hohen Arbeitseinsatz. Das wirft in jedem Einzelfall die Frage auf: Lohnt sich dieser hohe Aufwand? Oder tun es auch die 80 Prozent?

Seien Sie realistisch!

Machen Sie sich einmal mehr klar, dass Ihre Zeit und Ihre Energie begrenzt sind und dass Sie daher nicht darum herumkommen, Prioritäten zu setzen und sich vernünftig zu organisieren. Entwickeln Sie einen Blick fürs Wesentliche. Neben Ihrer Arbeit zählen Ihre Gesundheit, Ihre Familie, Ihre Freizeitinteressen, Ihre sozialen Kontakte. Erlauben Sie sich also öfter einmal, etwas nur ausreichend gut zu machen, sofern Sie es als notwendig erachten, das Betreffende überhaupt zu tun. Beides entlastet: Das Herunterschrauben des Anspruchs und das Abwählen bestimmter Aufgaben. Tun Sie manches mit reduziertem Aufwand, im vollen Bewusstsein, dass Sie es noch verbessern, ergänzen, vertiefen, ausweiten könnten. Prüfen Sie außerdem, was wirklich Ihre Aufgaben sind, was Sie delegieren können und was Sie auch liegen lassen können, ohne dass schon klar ist, wer die Aufgabe übernimmt. Erweitern Sie Ihre Entscheidungsmöglichkeiten und damit Ihren inneren und äußeren Freiraum. Im Übrigen geht es im praktischen Leben gar nicht um ein generelles „gut genug", sondern um ein „gut genug" in einer bestimmten Hinsicht oder für einen bestimmten Zweck.

Definieren Sie Vollkommenheit neu!

„Die Vollkommenheit des Menschen besteht in seiner Unvollkommenheit."

Helga Schäferling (*1957)

Man kann Perfektion bzw. Vollkommenheit aus einem anderen Blickwinkel betrachten und neu definieren. Das Vollkommene ist nicht unbedingt makellos. Zur „echten" Vollkommenheit gehören persönliche Eigenheiten ebenso wie Spuren, die das Leben hinterlassen hat. Das ist vergleichbar mit Schrammen, Kratzern und Rissen an wertvollen Gegenständen. Dabei denke ich an Kintsugi, die traditionelle japanische Technik des kunstvollen Reparierens von zerbrochenen Keramik-Tassen, -schalen und -tellern mithilfe eines speziellen Goldkitts. Was für eine geniale Handwerkskunst.

Schauen wir darauf, was Menschen attraktiv und beliebt macht, erkennen wir, dass es nicht die Perfektion ist, die zählt. Interessanterweise sind es häufig gerade diejenigen, die kleine „Macken", Ecken und Kanten haben, die sich unverstellt und ungeschönt zeigen, denen Authentizität und Charisma zugesprochen wird.

Entdecken Sie den Charme des Unvollkommenen!

Ich möchte Ihnen noch eine weitere japanische Tradition vorstellen – ein ästhetisches Konzept wider den Perfektionismus: Wabi-Sabi. Der Klappentext des Buches *Wabi-Sabi – die Japanische Weisheit für ein perfekt unperfektes Leben* (2019) von Beth Kempton erläutert aufs Beste, was es damit auf sich hat: „Wabi-Sabi ist ein jahrhundertealtes Konzept, das Schönheit in der Unvollkommenheit erkennt – das ideale Gegengift zum allgegenwärtigen Perfektionismus. Wabi-Sabi lehrt die Wertschätzung von dem, was wir haben, die bewusste Wahrnehmung des Augenblicks und das Loslassen der Vergangenheit. Wem es gelingt, das Unperfekte nicht länger als Kompromiss auf dem Weg zur Perfektion zu betrachten, sondern als authentisches Leben selbst, dem wird sich ein völlig neuer Erfahrungshorizont öffnen." Genau das möchte ich Ihnen ans Herz legen.

Seien Sie ein:e Lebenskünstler:in!

Brené Brown schreibt, dass so vieles in der Welt, in der wir arbeiten und leben, auf Genauigkeit und Perfektion beruhe. Ganz anders verhalte es sich mit Kunst. Kreatives Schaffen sei eine der wirkungsvollen Methoden, sich vom Perfektionismus zu lösen. Weil die Kunst „am meisten dem ähnelt, was es heißt, ein Mensch zu sein. Lebendig zu sein. Es entspricht unserem Wesen, unvollkommen zu sein. […] Kunst ist einfach etwas vollkommen Unvollkommenes. Sobald das Wort ‚Kunst' in der Beschreibung dessen auftaucht, was Sie vorhaben, ist es fast so, als würden Sie einen Freibrief für Unvollkommenheit erhalten. Sie befreit uns glücklicherweise von jeder Erwartung von Perfektion."

Üben Sie sich in Gelassenheit!

Wenn Sie feststellen, dass Sie angesichts nicht erreichter (unter Umständen ja gar nicht erreichbarer) Perfektion Bedauern, Scham, Frustration oder Schmerz empfinden, dann lassen Sie diese Gefühle da sein. Betrachten Sie sie, bagatellisieren Sie sie nicht, aber dramatisieren Sie sie auch nicht. Die Gefühle werden vorübergehen. Später überlegen Sie in Ruhe und mit größtmöglicher gedanklicher Flexibilität, was wirklich wichtig für Sie ist und wie Sie weiter vorgehen.

Üben Sie sich in Selbstfreundschaft!

Stellen Sie sich vor, wie Sie mit einer guten Freundin oder einem guten Freund sprechen, wie einfühlsam, verständnisvoll und nachsichtig Sie auf diese Person schauen. Wie wenig Sie sich von ihren Misserfolgen und Rückschlägen beeindrucken lassen. Es wird nichts an Ihrer Zuneigung zu ihr ändern. Sie werden sie nicht grundsätzlich als Mensch in Frage stellen, werden sie weder hart kritisieren noch verurteilen. Sie werden sie trösten, sie an das erinnern, was ihr alles schon gelungen ist, sie ermutigen, einen neuen Anlauf zu unternehmen, sollte ihr etwas wirklich wichtig sein. Und nun übertragen Sie all das auf Ihren Umgang mit sich selbst. Seien Sie freundlich, wohlwollend und milde mit sich!

IMPULS: Erkennen Sie den Charme des Unvollkommenen!

Ungesunder Perfektionismus liegt dann vor, wenn sich jemand der strengen Forderung an sich selbst unterwirft, sich immer tadellos zu präsentieren sowie die eigenen Handlungen stets vollkommen und fehlerfrei auszuführen. Aus Angst vor Kritik und Ablehnung und in dem irrigen Glauben, nur darüber Annahme und Anerkennung zu finden. Die Anstrengungen, die Perfektionisten auf sich nehmen, sind enorm. Schlimmstenfalls endet Perfektionismus in einer Erschöpfungsdepression.

Engagement, Genauigkeit und Zuverlässigkeit sind wertvolle Qualitäten, die nicht aufgegeben werden sollten, aber des Ausgleichs bedürfen, und zwar über Fehlertoleranz, Großzügigkeit und Gelassenheit, um nicht in Rigidität und Perfektionismus abzurutschen.

Um sich vom verinnerlichten Leistungsdruck lösen zu können, braucht es eine veränderte Haltung sich selbst gegenüber, eine Haltung, die auf Selbstachtung, Selbstannahme und Nachsicht beruht. Hilfreich ist zudem ein erweitertes Verständnis von Vollkommenheit, das Licht und Schatten, Stärken und Schwächen umfasst. Irrtümer, Fehler und Misserfolge gehören zum echten Leben, ebenso wie kleine „Macken", Ecken und Kanten zur authentischen Persönlichkeit.

18. | Authentizität

> *„Das Große ist nicht, dieses oder jenes zu sein, sondern man selbst zu sein; und das kann jeder Mensch, wenn er es will."*
>
> Sören Kierkegaard (1813–1855)

„Sei ganz du selbst!" ist viel leichter gesagt als getan, zumal für HSP, die sich mit ihrem Anderssein in der Gemeinschaft ohnehin eher schwertun. Dies macht Authentizität zum besonders relevanten Thema für HSP.

Schauen wir uns zunächst einmal an, was genau Authentizität bedeutet. Authentisch zu sein, meint, sich nicht zu verbiegen und zu verleugnen, sich keine Maske aufzusetzen, keine täuschende Fassade aufzubauen, nichts vorzuspielen. Positiv ausgedrückt: sich so zu zeigen, wie man ist, sich selbst treu zu bleiben, selbstbestimmt zu handeln, konsequent in Übereinstimmung mit den eigenen Werten und den selbst gesetzten Prioritäten, sodass inneres Wollen und äußeres Handeln übereinstimmen.

Im menschlichen Miteinander ist Authentizität wertvoll, weil Menschen dadurch füreinander erfahrbar und einschätzbar werden. Das gibt allseits Sicherheit, weil jeder weiß, woran er ist, und sich darauf einstellen kann. Authentizität schafft Glaubwürdigkeit und Vertrauenswürdigkeit – und ist damit Grundlage für tragfähige Beziehungen.

Eine als authentisch bezeichnete Person wird als unverstellt, ungeschönt und ungekünstelt, mit anderen Worten als „echt" wahrgenommen. Sie lässt eine Durchgängigkeit in den Meinungen und im Verhalten erkennen, zum einen über die Zeit hinweg, zum anderen in verschiedenen Kontexten. Sie behält im Wesentlichen ihre Linie auch dann bei, wenn sie auf Widerstand stößt oder kritische Rückmeldungen zu hören bekommt.

Es ist jedoch durchaus mit Authentizität vereinbar, wenn man sich je nach Rolle, Situation und Umfeld ein Stück weit unterschiedlich verhält, Gefühlsregungen und Gedanken in etwas unterschiedlicher Weise ausdrückt, solange man in seinem grundsätzlichen Charakter noch erkennbar bleibt und weiterhin der Aufrichtigkeit folgt. Zur Authentizität kann ebenfalls passen, manche Ansichten und Verhaltensweisen im Zuge der eigenen Entwicklung zu ändern.

Bei vielen HSP ist aufgrund von wiederholten negativen Reaktionen auf ihre Eigenarten ein mehr oder weniger ausgeprägtes Gefühl von Minderwertigkeit entstanden. Dies hat sie dazu gebracht, in vielen Lebenslagen spontanes Handeln und den natürlichen Impuls, Gefühle, Gedanken und Wünsche offen und ehrlich zu äußern, zu unterdrücken. Tendenziell haben sie sich ihrem Umfeld angepasst und das Verhalten der Mehrheit kopiert, um nicht aus der Reihe zu tanzen, nicht unangenehm aufzufallen und sich Abwertungen zu ersparen. Sich derart zu verstellen und die ureigene Wesensart zu verstecken, kostet viel Kraft und geht auf Kosten der Lebendigkeit und der Lebenszufriedenheit.

In einem Aufsatz des Sozialpsychologen und Philosophen Erich Fromm aus dem Buch *Authentisch leben* (2000) habe ich folgende aussagekräftige Passage gefunden: „Die Unfähigkeit, spontan zu handeln und das zum Ausdruck zu bringen, was man genuin fühlt und denkt, und die sich daraus ergebende Notwendigkeit, anderen und sich selbst ein Pseudo-Selbst zu präsentieren, sind die Wurzeln des Gefühls von Minderwertigkeit und Schwäche. Ob wir uns dessen bewußt sind oder nicht, es gibt nichts, dessen wir uns mehr schämen, als nicht wir selbst zu sein, und es gibt nichts, was uns stolzer und glücklicher macht, als das zu denken, zu fühlen und zu sagen, was wirklich unser Eigentum ist."

Als Jugendliche habe ich angefangen, mich zu verstellen und anzupassen, um besser bei anderen Leuten anzukommen, bei Klassenkameraden und Bekannten, später auch bei Vorgesetzten und Kollegen. In meiner Jugendzeit ging ich z. B. auf Partys, auch wenn ich lieber einen ruhigen Abend zu Hause verbracht hätte. Später im Kollegenkreis habe ich mitgelacht, wenn gelacht wurde, auch wenn ich die Situation gar nicht lustig fand. Ich bin mitgegangen, wenn in der Mittagspause alle gemeinsam in die Kantine gingen, auch wenn ich eher das Bedürfnis hatte, allein zu sein. Das alles empfand ich als extrem anstrengend und es fühlte sich an, als würde ich lügen. Ich merkte auch, dass ich durch meine Anpassungsversuche zwar möglicherweise nicht negativ auffiel, mich aber immer noch nicht richtig dazugehörig fühlte. Erst nach einer großen persönlichen Krise im Alter von 40 Jahren stieß ich auf das Thema Hochsensibilität und lernte Menschen kennen, die ähnliche Erfahrungen gemacht haben wie ich. Da kam der Stein ins Rollen und ich fing an zu lernen, mich so zu akzeptieren, wie ich bin. Es gelingt mir mittlerweile immer besser, das auch nach außen zu tragen und zu den Besonderheiten, die die Hochsensibilität mit sich bringt, zu stehen. Ich denke, dass ich jetzt mit 48 weitestgehend authentisch bin und auch so wahrgenommen werde. (Svenja)

Je näher mir ein Mensch steht und je vertrauter mir eine Umgebung ist, umso eher kann ich mich so zeigen, wie ich bin. Doch auch dann empfinde ich dies oftmals als einen Drahtseilakt, als eine nicht einfache Balance zwischen Mich-Zeigen und Anpassung (Warum? Um nicht „anzuecken"?). Das Zurückziehen und Mich-nicht-Zeigen habe ich früh gelernt, ich beherrsche es geradezu meisterhaft. Noch heute dient es mir als Schutz vor unliebsamen Reaktionen meiner Umgebung auf mich und mein Verhalten. Denn diese sind mir keinesfalls gleichgültig. Außerdem mag ich nicht immer Erklärungen für mein „Anderssein" abgeben müssen. Dort, wo es „gefahrlos" möglich ist, mich so zu zeigen, wie ich bin bzw. wie ich mich fühle, verhalte ich mich sowieso intuitiv authentisch. (Katinka)

In den meisten Lebensbereichen kann ich authentisch sein. Ich fühle mich als Person angenommen und muss mich nicht verstellen. Authentizität bedeutet für mich, echt zu sein, mein wahres Gesicht zeigen zu können. Es gibt allerdings auch immer wieder Situationen, in denen ich abwäge zwischen Authentizität und einer Fassade, die eher akzeptiert wird, beispielsweise im beruflichen Bereich. (Evi)

Was für Sie hilfreich sein kann

> „Das Dasein ist köstlich. Man muß nur den Mut haben,
> sein eigenes Leben zu führen."
>
> Peter Rosegger (1843 – 1918)

Seien Sie nicht nett, seien Sie echt!

Wer sich vorrangig um Harmonie und Gemochtwerden bemüht, unterwirft sich den Erwartungen anderer, ist in hohem Maße fremdbestimmt, verletzt seine Integrität. Dann ist man „nett" zu anderen, aber nicht zu sich selbst. Um wahrhaftig und echt zu sein, braucht es Mut, denn es besteht das Risiko, anzuecken, kritisiert zu werden, im Einzelfall Ablehnung zu erfahren. Da hilft die Überlegung, dass wir dies sowieso nie ganz vermeiden können, weil wir es nur teilweise in der Hand haben, welche Meinung sich andere über uns bilden und wie sie sich uns gegenüber verhalten. Viel hängt von deren Charaktereigenschaften, Verhaltensmustern, Vorerfahrungen, Sichtweisen und Erwartungen ab. Vielleicht mögen die anderen sogar Menschen mit Ecken und Kanten und wissen ein aufrichtiges Gegenüber zu schätzen.

Ich weiß noch, wie sehr mich der Titel eines Buches aus dem Junfermann-Verlag zur Gewaltfreien Kommunikation angesprochen hat: *Sei nicht nett, sei echt!* von Kelly Bryson (2006). Im Buch heißt es: „Sich nicht für die Erfüllung der eigenen Bedürfnisse einzusetzen, ist eine Entscheidung, die darauf hinausläuft, dass man sich selbst im Stich lässt." Damit das nicht passiert, lautet die Aufforderung: Stehen Sie zu sich und zu Ihren Werten! Setzen Sie sich dafür ein, dass Sie das bekommen, was Sie brauchen, und dass das unterbleibt, was Ihnen schadet! Eine wichtige Ergänzung zum Appell „Sei nicht nett, sei echt!" steht ebenfalls auf dem Cover eben dieses Buches: „Das Gleichgewicht zwischen Liebe für uns selbst und Mitgefühl mit anderen finden".

Achten Sie auf die Balance!

Erleben Sie sich manches Mal in Entscheidungsnot? Zustimmen oder ablehnen? Mitmachen oder sich herausnehmen? Sich anpassen oder abgrenzen? Die Ambivalenz erklärt sich darüber, dass da konträre eigene Bedürfnisse im Widerstreit liegen: das nach Zugehörigkeit und Bindung

(„Ich will kein Außenseiter sein", „Ich will geliebt werden") und das nach Individualität und Autonomie („Ich will etwas Besonderes sein", „Ich will meine Unabhängigkeit bewahren"). Beide Bedürfnisse gehören zum Menschsein und sind beide gleichermaßen berechtigt. Eine Priorisierung kann nur situativ erfolgen. Um auf lange Sicht Zufriedenheit zu erreichen, wollen beide Bestrebungen in einer guten Balance gehalten werden. Wer sich andauernd über Gebühr anpasst, droht, sich selbst zu verlieren. Wer sich einseitig auf Selbstbehauptung und Abgrenzung fokussiert, riskiert die soziale Isolation. Es will also jeweils gut überlegt sein, wozu man „Ja" sagen kann und wozu man „Nein" sagen sollte. Ohne Zugeständnisse und Kompromisse geht es im Miteinander nicht, aber es dürfen keine „faulen" Kompromisse sein.

Erkennen Sie sich selbst!

Damit wir uns selbst als authentisch erleben und von anderen als authentisch empfunden werden, ist es hilfreich, uns zunächst einmal unserer Wesensart, Eigenheiten, Vorlieben und Motive bewusst zu werden. Wir müssen selbst verstehen, was uns ausmacht und was uns antreibt. Außerdem braucht es die Bewusstheit für unsere momentanen Empfindungen, Gedanken und Bedürfnisse, um diese offen und ehrlich mitteilen zu können. Auf der Basis von Selbstklärung sind wir dann in der Lage, klar und kraftvoll zu kommunizieren.

Das umfassende Verständnis des Phänomens Hochsensibilität kann viel dazu beitragen, dass HSP Klarheit über ihr „wahres Selbst" gewinnen. Nach dem Entdecken der Hochsensibilität liegt die Chance darin, das eigene Sosein aus der Ecke des Problembeladenen und Beschämenden herauszuholen und grundsätzlich zu bejahen. Idealerweise mündet die wachsende Selbstakzeptanz mit der Zeit in mehr Selbstsicherheit im Auftreten und mehr Souveränität in der Kommunikation – mit anderen Worten: in mehr Authentizität.

Verstehen Sie Authentizität nicht als etwas Statisches!

Ich möchte Ihnen im Folgenden erhellende Gedanken über Authentizität anbieten, die der dänische Familientherapeut Jesper Juul in einem Interview geäußert hat, das ich verschriftlicht auf der Website der Familienwerkstatt „familylab" gefunden habe. (Jetzt findet man es hier: ↗ https://

www.yumpu.com/de/document/view/19669793/beziehung-schaffen-in-meiner-familie-teil-i-interview-familylab)

Authentisch zu sein bedeutet für Jesper Juul, sich mit seinen Gefühlen, Werten und Gedanken zu zeigen. Menschen, die ihren Emotionen jederzeit freien Lauf lassen, sind für ihn jedoch keine authentischen Menschen. Juul: „Denn die meisten Emotionen sind ja auch produziert und nicht ursprünglich. Zu sagen, ich vertraue ausschließlich meinen Emotionen, denn sie allein sind wahr, das ist Wahnsinn. Woher soll denn einer wirklich wissen, ob diese oder jene Emotion wirklich ursprünglich und aus seinem eigenen wahren Selbst kommt?" So sei zum Beispiel Schuld keine ursprüngliche Emotion, sondern etwas, was einem durch andere eingepflanzt wurde.

Authentizität sei nur möglich, wenn sie als Prozess aufgefasst werde. Juul: „Ich arbeite seit 40 Jahren daran, authentisch zu sein – und ich weiß, ich werde bis an mein Lebensende damit beschäftigt sein. Es wird nie eine Zeit kommen, in der ich sagen werde: Jetzt bin ich angekommen. […] Und ich meine, so etwas überhaupt anzustreben, ist völlig irrelevant. Was wirklich wesentlich ist – im Prozess zu bleiben! Es bedeutet, dass du dich stets hinterfragst – war das für mich stimmig, was ich gerade getan habe? Und Irrtum muss erlaubt sein." Weder solle man nach Standardglaubenssätzen leben, noch „Folge deinem Herzen!" zum alleinigen Leitspruch erheben. Vielmehr gelte der Rat, das Denken und das Bewusstsein mit auf den Weg zu nehmen.

Es könne den Menschen nicht glücklich machen, nach vorgeschriebenen Mustern zu handeln, keine Ecken und Kanten aufzuweisen, stets danach zu streben, von allen gemocht zu werden, „dann irgendwann bricht sein eigenes Selbst hervor und möchte sich Gehör verschaffen. Und das geschieht meist in einer selbstzerstörerischen Art und ist ein schmerzhafter Prozess. Der Mensch kann erst danach authentisches Glück erfahren."

Man könne immer nur sagen, was für einen hier und jetzt angemessen ist – nicht für morgen oder übermorgen. Juul: „Es ist ganz unmöglich, sein eigenes Selbst festzuhalten und es endgültig zu definieren, denn – es fließt. Alles fließt und verändert sich! Und gerade, wenn du mit Integrität in der Welt agierst, gerade dann veränderst du dich am meisten, weil du kontinuierlich wächst."

> Das eigene Selbst brach auch bei mir hervor und führte zu einem dramatischen Burnout. Heute nach zwölf Jahren kann ich sagen, das war die glückliche Wende, auch wenn es sich damals überhaupt nicht so anfühlte. Ohne Klinikaufenthalte und Psychotherapie hätte ich die Selbstfindung wohl nicht geschafft. Irgendwie verrückt, heute arbeite ich in einem komplett neuen Umfeld und bin glücklicher als jemals zuvor. Allerdings war es ein langer Prozess, zu mir zu stehen, Normen zu verlassen und authentisch zu sein. Ich stelle fest, dass es ganz anders bei den Menschen ankommt, wenn ich mit Herz absage, z. B. bei einer Geburtstagseinladung. Ich brauche keine Ausreden mehr. Und keine Denkspiralen, die mich runterziehen. Die Menschen in meinem Umfeld haben mitgelernt, weil sie mich schätzen. (Angela)

Sehen Sie Authentizität nicht als das einzig relevante Prinzip!

Ich habe gelernt, dass Authentizität zwar sehr wichtig ist, jedoch nicht per se wichtiger als andere Werte. Dieses Verständnis scheint mir sehr hilfreich. Daher möchte ich es Ihnen hier anbieten. Der Kommunikationspsychologe Friedemann Schulz von Thun äußert sich in seinem Buch *Kommunikation als Lebenskunst* (Pörksen & Schulz von Thun, 2014) zu der häufiger anzutreffenden Überhöhung des Prinzips Authentizität. Das Authentizitätsideal tauge „nicht als Leitstern für alle kommunikativen Lebenslagen, weil es unzählige Situationen gibt, in denen es gar nicht angebracht ist, sich selbst möglichst unverfälscht zum Ausdruck zu bringen oder gar alles ‚herauszulassen.'"

Es gehe nicht um maximale Authentizität und totale Offenheit ohne Taktgefühl und ohne Rücksicht auf andere. Optimale Authentizität ist eine „selektive Authentizität", was bedeutet, dass ich nicht alles sage, was in mir vorgeht, aber dass das, was ich sage, ehrlich und echt ist. Der geeignetere Leitstern sei die Stimmigkeit: Was ich sage, soll wesensgemäß und situationsgerecht sein. Dazu gehört, dass ich der Rolle, in der ich mich in einer bestimmten Kommunikationssituation befinde, Rechnung trage.

Authentisch und echt zu sein, heißt folglich nicht, jedes Gefühl ungefiltert zu äußern, mit jeder Regung unbeherrscht herauszuplatzen, andere mit all seinen Problemen zu belasten. Gemeint ist vielmehr, sich grundsätzlich der Ehrlichkeit verpflichtet zu fühlen und bereit zu sein, wiederholt auftauchende bzw. anhaltende eigene Gefühle ernst zu nehmen, zu akzeptieren und in geeigneter Weise auszusprechen.

Bei aller Relativierung nimmt Schulz von Thun dennoch das Authentizitätsideal gegen den Vorwurf, den Ego-Kult zu begünstigen, in Schutz. Schulz von Thun: „Authentizität und Kongruenz sind aus meiner Sicht wichtige Meilensteine der Menschwerdung, die dazu anregen, mit sich selbst in Kontakt zu treten, in sich hineinzuschauen und zur Sprache zu bringen, was in einem vorgeht."

> *Ich habe immer gesagt, dass ich es normal finde, im Leben unterschiedliche Masken zu tragen. Die Verkäuferin in der Bäckerei muss nicht meine schlechte Laune abbekommen und braucht auch nicht zu erfahren, dass mich die Schlagzeile auf der ausliegenden Tageszeitung trifft. Sie darf die freundlich-neutrale „Maske" sehen. Die Patienten, die ich zu betreuen habe, müssen nichts über meine Hochsensibilität wissen und dürfen die freundlich-kompetente „Maske" sehen. Dann gibt es noch die höflich-sachliche „Maske" gegenüber Leuten in Ämtern und so weiter. Inzwischen bin ich allerdings der Ansicht, dass das keine Masken sind, sondern dass ich all das bin. Ich bin freundlich zu meinem Gegenüber. Ich bin so, dass ich versuche, anderen Menschen ein gutes Gefühl zu vermitteln. Ich bin so, dass ich nicht jeden an meiner hochsensiblen Gefühlswelt teilhaben lasse. Das sind aber keine Masken, die für mich Verkleiden und Verstecken bedeuten würden, sondern das ist meine vielseitige Persönlichkeit und damit bin ich durchaus authentisch. (Bea)*

Legen Sie die Messlatte nicht zu hoch!

Setzen Sie sich nicht mit der Forderung nach einem hohen Grad an Authentizität selbst unter Druck. Seien Sie milde und nachsichtig mit sich und geben Sie sich genug Zeit für den Entwicklungsprozess. Legen Sie Authentizität und Wahrhaftigkeit nicht zu eng aus. Selbstverständlich werden Sie sich jeweils nur so weit öffnen, dass Sie sich noch sicher fühlen. Es ist auch völlig okay, darauf bedacht zu sein, sich keine vermeidbaren Nachteile einzuhandeln, sich deshalb in bestimmten Situationen zurückzunehmen und manches, was einem durch den Kopf geht, für sich zu behalten. Solange Sie nicht ein völlig falsches Bild von sich vermitteln, nichts vortäuschen, was Ihnen überhaupt nicht entsprechen würde, nichts sagen, was schlichtweg gelogen wäre. Ich gehe davon aus, dass Sie, wenn es darauf ankommt, ein gutes Gefühl dafür haben, was letztlich gesagt und getan – und unterlassen! – werden muss, um sich selbst treu zu bleiben.

Ich möchte hier noch die Diplomatie mit anführen, manches Mal missverstanden als ein Verschleiern der Wahrheit und ein berechnendes Taktieren allein zum eigenen Vorteil. Dabei meint sie ein besonnenes Vorgehen und eine Ausdrucksweise, die das Gegenüber nicht unnötig angreift und aufbringt. Wodurch mit höherer Wahrscheinlichkeit eine friedliche und konstruktive Lösung, ein Konsens, gefunden werden kann.

> *Ich halte mich für authentisch, ist es doch nicht meine Art, mich zu verstellen. Das wäre mir auf Dauer zu anstrengend und unehrlich. Es gibt Menschen, die mich so mögen, wie ich bin. Andere tun dies nicht. Damit kann ich gut leben. Authentizität ist eine veränderbare Größe und beinhaltet für mich den respektvollen und wertschätzenden Umgang mit meinen Mitmenschen. (Birgit)*

IMPULS: Seien Sie nicht nett, seien Sie echt!

Authentisch zu sein bedeutet, sich selbst gegenüber loyal zu sein, zu seinem Wesen, seinen Werten und Überzeugungen zu stehen, sich echt und unverstellt zu zeigen. Nach außen wird eine Durchgängigkeit im Verhalten und in den Äußerungen erkennbar, wobei der Grad an Spontaneität und Offenheit sinnvollerweise je nach Rolle und Situation variiert. Denn neben Authentizität zählen Werte wie Professionalität, Freundlichkeit, Empathie, Feingefühl, Taktgefühl, Rücksichtnahme, Stimmigkeit und Selbstschutz.

Auch ein Mensch, der als authentisch gelten kann, wird immer abwägen, wann er wie viel von sich preisgibt, wie viel Ehrlichkeit er anderen zumutet und welches Verhalten situativ angemessen ist, bleibt aber der Wahrhaftigkeit verpflichtet und verzichtet darauf, ein völlig verfälschtes Bild von sich zu präsentieren.

Sich als hochsensibel zu erkennen und eingehend mit den Facetten des Hochsensibelseins zu beschäftigen, ist für HSP förderlich für die Selbstfindung und Selbstentfaltung und somit auch für den authentischen Selbstausdruck.

Ein erstrebenswertes Ziel für HSP ist es, sich soweit machbar soziale Kontexte und Betätigungsfelder zu suchen, in denen es einigermaßen leicht möglich ist, sich authentisch zu zeigen und sich mit seinen speziellen Gaben einzubringen.

19. | Gedanken ordnen

„Schreibpapier – Tanzfläche der Gedanken."

Manfred Hinrich (1926 – 2015)

Den Kopf übervoll haben mit vielerlei Gedanken, unruhig gedanklich von einem Thema zum anderen springen, Probleme wälzen, am Feierabend nicht mehr abschalten können – all das kennen HSP, die generell hochgradig denkaktiv sind und ständig ganz viel gleichzeitig „auf dem Schirm" haben, mehr noch als andere Menschen. Sie tun sich noch schwerer als andere mit der gedanklichen Fokussierung, ihnen schwirrt noch leichter der Kopf, sie machen sich noch mehr sorgenvolle Gedanken, sie hängen noch öfter sehnsüchtig ihren Träumen nach.

Bei der Recherche zu diesem Buch und auch noch während des Schreibens habe ich beständig die Augen offen gehalten nach möglichen Strategien, wie man Stress reduzieren und in turbulenten Zeiten besser den Überblick behalten kann. An mehreren Stellen stieß ich auf das „Braindumping", fand es vielversprechend und habe mich daher damit vertraut gemacht. Es erscheint mir als eine sehr taugliche Methode, um den Kopf wieder frei zu bekommen, Klarheit zu gewinnen und zu mehr Ruhe zu gelangen. Genau genommen ist es eigentlich nur eine neue Bezeichnung für etwas,

was man schon immer gemacht hat: das Aufschreiben von Gedanken zur Unterstützung der Selbstreflexion. Nur in einer systematisierten Form.

In Situationen, in denen Sie nicht mehr wissen, wo Ihnen der Kopf steht und was Sie zuerst tun sollen, der Stresspegel steigt, die Konzentration schwindet und die Produktivität sinkt, kann das sogenannte Braindumping hilfreich sein. Damit bekommen Sie all das, was Sie gerade umtreibt und beunruhigt, aus dem Kopf heraus (*to dump* heißt auf Deutsch „abladen", „entleeren" oder „auskippen") und werden ruhiger.

Was Sie dafür brauchen: etwas Zeit, einen ruhigen Ort, einige Blätter Papier oder ein Notizbuch und einen Stift. Natürlich geht auch ein elektronisches Gerät, aber empfohlen wird das Schreiben auf Papier. Zum einen, um Ablenkungen durch hereinkommende Nachrichten zu vermeiden. Zum anderen, weil die Handbewegungen beim Schreiben mit der Hand förderlich sind für die Konzentration, die Merk- und Lernfähigkeit und die Kreativität.

1. Schritt: Notieren Sie Ihre Gedanken

Sie schreiben einfach drauf los, schreiben alle Gedanken auf, die Ihnen durch den Kopf gehen, alles was Sie beschäftigt, was Sie belastet, ärgert, Ihnen Kummer bereitet, auch alles, was Sie an Einfällen haben, sich wünschen und erträumen, anstreben, planen … Die Liste kann sehr lang werden. Es darf alles aufs Papier, es gibt keinen Gedanken, der zu unwichtig oder zu ungeheuerlich wäre. Nicht weiter darüber nachdenken. Nicht zensieren. Nicht bewerten. Sie schreiben so lange, bis Ihnen nichts mehr einfällt.

Allein das bloße Aufschreiben verschafft dem Gehirn Entlastung. Die Todos, Probleme und Ideen werden sozusagen an einen anderen Platz ausgelagert. Da alles schriftlich festgehalten ist, können Sie sich sicher sein, dass nichts verloren geht, nichts Wichtiges vergessen wird. Dadurch fällt es leichter, zu entspannen und wieder klare Gedanken zu fassen.

Dann legen Sie Ihre Notizen erst einmal zur Seite, lassen sie einige Stunden oder für den Rest des Tages liegen und widmen sich unmittelbar anstehenden Aufgaben. Gegebenenfalls können Sie zwischendurch die Liste wieder hervorholen und ergänzen.

2. Schritt: Sortieren Sie Ihre Gedanken

Zu einem späteren Zeitpunkt, am besten nach einmal Darüber-Schlafen, nehmen Sie sich Ihre Notizen wieder zur Hand und ordnen sie. Sie gliedern das Durcheinander in übersichtliche Teile und räumen damit auch das Chaos im Kopf auf. Sie erstellen nun separate Listen für

- To-dos, Aufgaben, Projekte, Verpflichtungen, Termine, Deadlines …
- Probleme, Sorgen, Kümmernisse, Ärgernisse …
- Pläne, Ideen, Wünsche, Träume …

Dann nehmen Sie sich diese Listen einzeln vor.

Hinterfragen Sie Ihre Aufgaben: Überlegen und entscheiden Sie, was davon auf Ihrer Liste bleibt, was wichtig und was dringend ist, was zusammengefasst werden kann, was Sie sofort / bald anpacken, was Sie auf später verschieben, wofür Sie Hilfe suchen, was Sie delegieren und was Sie streichen. Machen Sie entsprechende Vermerke auf der Liste. Das Gruppieren, Priorisieren und Aussortieren wird Ihnen gut tun. Sollte der Anblick der vielen To-dos auf Ihrer Liste Stress auslösen, kann das Eingeständnis angebracht sein, dass Sie sich zu viel aufgeladen haben, zu viele Verpflichtungen eingegangen sind und sich damit überfordern. Verharmlosen Sie das nicht. Wirken Sie auf Entlastung hin.

Analysieren Sie Ihre Probleme: Was geht Ihnen immer wieder durch den Kopf und erfordert wirklich Aufmerksamkeit? Gibt es andere Blickwinkel, aus denen heraus Sie auf die Probleme schauen können? Was können erste Schritte in Richtung Problemlösung sein? Welche Sorgen erscheinen aus einer gewissen Distanz betrachtet vielleicht weniger groß? Gibt es konkrete Vorsichtsmaßnahmen, mit denen Sie Ihren Sorgen begegnen können? Mit wem können Sie über Ihre Probleme und Sorgen sprechen?

Begutachten Sie Ihre Ideen: Welche Schätze liegen in den kreativen Ideen? Welche Vorhaben können Sie daraus entwickeln? Was sind echte Herzensangelegenheiten? Was wollen Sie vorrangig in die Tat umsetzen? Welche Pläne sollten erst noch weiter reifen? Was gehört auf Ihre „Bucket List" für größere Wünsche und Ziele? Was möchten Sie mit anderen gemeinsam angehen? Wen möchten Sie ansprechen?

3. Schritt: Organisieren Sie Ihre Aufgaben

Entwickeln Sie einen Handlungsplan, welche Aufgaben Sie wann angehen. Legen Sie entsprechend Ihrer vorgenommenen Gewichtung und Priorisierung Termine fest, auch für kleinere To-dos. Tragen Sie diese in Ihren Kalender ein, dann brauchen Sie nicht mehr so vieles im Kopf zu behalten. Unterteilen Sie größere Projekte in kleine, gut machbare Schritte.

Probieren Sie aus, welche Art von Zeitmanagement Ihnen liegt, wie Sie einen Kalender einsetzen, wie gut Sie mit einer To-do-Liste zurechtkommen. (Kleiner Tipp am Rande: To-dos am besten mit einem Verb abschließen, psychologisch wirkt das als aktivierende Aufforderung.) Lassen Sie unbedingt ausreichend Freiräume zwischen den To-dos für Unvorhergesehenes und für Pausen. Und vergessen Sie nicht, die Dinge einzuplanen, die Ihnen Spaß machen.

Braindumping entlastet am wirkungsvollsten, wenn Sie es sich zur Routine machen und in Ihren Tages- oder Wochenablauf integrieren. Aber Sie können es auch immer dann nutzen, wenn Sie es benötigen. Sollten Sie abends oft im Bett liegen und über kleine und große unerledigte Aufgaben und diverse ungelöste Probleme nachdenken, können Sie den 1. Schritt auch vor dem Schlafengehen anwenden.

Das Aufschreiben, Ordnen und Planen kostet Zeit, das ist aber keine verlorene Zeit, denn langfristig sparen Sie Zeit. Und Sie sparen Nerven, denn niemand kann alles gleichzeitig im Blick behalten, alles sofort erledigen und sich immer an alles erinnern. In der Auswertung dessen, was Sie jeweils im 1. Schritt aufgeschrieben haben, liegt der nachhaltige Nutzen. In der Gesamtschau lernen Sie etwas über sich, erkennen Ihre Denk- und Verhaltensmuster. Indem Sie an kritischen Stellen neue Entscheidungen treffen und Veränderungen im Handeln einleiten, haben Sie die Chance, immer seltener in die Überforderung zu geraten.

IMPULS: Laden Sie den Gedankenwust auf dem Papier ab!

Jedes Mal, wenn die Gedanken im Kopf umherschwirren und von einem ungelösten Problem zum anderen springen, unerledigte Aufgaben endlos erscheinen, Unruhe und Unzufriedenheit sich breit machen, kann es helfen, sich etwas Zeit zu nehmen und alle Gedanken aufzuschreiben – sie quasi auf dem Papier abzuladen – und sie später mit etwas Abstand in Ruhe durchzugehen, zu ordnen und auszuwerten. Durch die wiederholte strukturierte Selbstreflexion wird leichter ersichtlich, wie Aufgaben bewältigt werden können, wo Lösungsansätze für Probleme liegen und was wichtige persönliche Werte und Ziele sind.

20. | Konflikte lösen

> *„Bei einem Streit ist auf beiden Seiten der Wunsch gleich groß, ernst genommen zu werden."*
>
> Marshall B. Rosenberg (1934 – 2015)

Spannungen und Missstimmungen werden von HSP viel eher wahrgenommen und intensiver empfunden als von anderen, Meinungsverschiedenheiten und Streit belasten sie stärker und anhaltender. Am liebsten hätten sie es immer harmonisch und friedlich. Weil Konfliktfreiheit im menschlichen Miteinander jedoch eine Illusion ist, ist die Fähigkeit zur Konfliktbewältigung essenziell. Es ist gut, ein Instrumentarium an der Hand zu haben, wie eigene Anliegen am besten zur Sprache gebracht und bestehende Konflikte am ehesten geklärt und beigelegt werden können.

Ich selbst fand mit dem Erlernen der Gewaltfreien Kommunikation (GFK) nach Marshall B. Rosenberg vor über 15 Jahren einen Weg, der zwischen passiver Duldung und aggressivem Aufbegehren liegt. Davor hatte ich nur die beiden extremen Optionen gesehen, eine so unbefriedigend wie die andere.

Das GFK-Modell beschreibt vier Komponenten bzw. vier Schritte. Es handelt sich dabei nicht um eine feste Formel, sondern um einen Leitfaden. Rosenberg im Buch *Gewaltfreie Kommunikation: Eine Sprache des Lebens*

(2016): „Das Wesentliche der GFK findet sich in unserem Bewusstsein über die vier Komponenten wieder und nicht in den tatsächlichen Worten, die gewechselt werden." Den GFK-Prozess in der Praxis anzuwenden, erfordert ein tiefes Verständnis, in vielerlei Hinsicht ein Umdenken und viel Übung. Im Folgenden sind die Schritte mit Blick auf den Fall eigener unerfüllter Bedürfnisse aufgeführt (nur dann gibt es die vierte Komponente der Bitte).

Der erste Schritt – Beobachtungen ansprechen

Was ist tatsächlich geschehen? Was haben wir gehört und gesehen? Was hat die andere Person konkret gesagt / getan, das uns in unserem Wohlbefinden einschränkt? Um es dem anderen leicht zu machen, einfühlsam zu reagieren, teilen wir nur unsere Beobachtung mit, ohne Vorwurf, ohne Abwertung, ohne Schuldzuweisung.

Dabei verlangt die GFK nicht, dass wir völlig objektiv bleiben. Selbstverständlich werten wir für uns in der Weise, dass wir unterscheiden zwischen „gefällt mir" / „gefällt mir nicht" und „will ich" / „will ich nicht". Entscheidend ist, dass wir unsere Bewertungen als solche erkennen und dass wir lernen, unsere Beobachtungen und unsere Bewertungen strikt auseinander zu halten. Vermischen wir Beobachtung und Bewertung, wie es üblicherweise geschieht, hört unser Gegenüber sofort Kritik, wehrt ab oder geht in einen Gegenangriff.

Der zweite Schritt – Gefühle benennen

Wie fühlen wir uns? Wir nehmen unsere Gefühle wahr und drücken sie in einer Ich-Botschaft aus. Beim Benennen unserer Gefühle geht es darum, zu unterscheiden zwischen dem, was wir fühlen, und dem, was wir denken. Beispiele für Gefühle, die wir haben, wenn unsere Bedürfnisse nicht erfüllt sind: „Ich fühle mich traurig, unbehaglich, unruhig, erschöpft, hilflos." Auch: „Ich bin irritiert, frustriert, verletzt, ärgerlich, wütend."

Davon abzugrenzen sind „Pseudogefühle": das, was wir denken, wie wir ein Geschehen deuten, wie wir andere interpretieren. Es liegt auch am üblichen Sprachgebrauch, dass es zu einer Verwechslung von echten Gefühlen und Pseudogefühlen kommt. Beispiele für Formulierungen, die Interpretationen darstellen, sind: „Ich fühle mich ausgenutzt, herabgesetzt, provoziert, übergangen, vernachlässigt …" Nur wenn wir unsere wirklichen Gefühle ausdrücken und auch unsere Verletzlichkeit zeigen, erleichtert das den einfühlsamen Kontakt.

In der GFK ist die Aufforderung zentral, andere nicht für unsere unangenehmen Gefühle (Trauer, Frustration, Ärger …) verantwortlich zu machen, sie nicht als Ursache, sondern lediglich als Auslöser unseres Unbehagens zu sehen. Als Ursache sieht die GFK immer ein unerfülltes Bedürfnis.

Der dritte Schritt – Bedürfnisse ausdrücken

Was brauchen wir? Gefühle sind wie Signale, die auf Bedürfnisse hinweisen: angenehme, freudvolle Gefühle auf erfüllte Bedürfnisse, unangenehme, schmerzhafte Gefühle auf unerfüllte Bedürfnisse. Gefühle machen nicht nur die Bedürfnislage sichtbar, sie regen uns auch an, uns um die Erfüllung unserer Bedürfnisse zu kümmern.

Jedes Bedürfnis dient dem Leben und ist der Beachtung wert, kein Bedürfnis ist „schlecht". Wir erkennen und akzeptieren unsere Bedürfnisse und teilen diese mit. Mit dem Aussprechen unserer Bedürfnisse, die mit anderen zusammenhängen, steigt die Chance, dass sie erfüllt werden. Wir sagen, was wir brauchen, machen aber zugleich auch deutlich, dass uns die Bedürfniserfüllung unseres Gegenübers ebenso am Herzen liegt. Wir wollen unsere Bedürfnisse nicht auf Kosten anderer erfüllen.

In der GFK sind Bedürfnisse von Strategien abzugrenzen. Eine Strategie ist im GFK-Sprachgebrauch eine konkrete Vorstellung, sozusagen die favorisierte Art, wie sich ein Bedürfnis erfüllen lässt. Eine einvernehmliche Lösung findet sich am leichtesten, wenn die Konfliktpartner nicht auf bestimmte Strategien fixiert sind.

Der vierte Schritt – Bitten formulieren

Was wünschen wir uns vom anderen? Was kann unser Gegenüber unmittelbar tun, um zu unserem Wohlergehen beizutragen? Wir formulieren Bitten in positiver, konkreter Handlungssprache. Wir sagen, was wir wollen, nicht, was wir nicht wollen. Unsere Bitten beziehen sich nicht darauf, was der andere denken oder fühlen soll oder wie er sein soll. Vielmehr bitten wir um ganz greifbare Handlungen. Je klarer wir wissen und sagen, was der andere für uns tun kann, desto wahrscheinlicher wird unsere Bitte erfüllt.

In der GFK ist eine wichtige Unterscheidung die zwischen einer Bitte und einer Forderung. Eine Bitte gibt dem anderen die Wahlmöglichkeit, sie zu erfüllen oder nicht – vielleicht auch nach anderen Lösungswegen zu suchen, die auch eigene Bedürfnisse und Vorlieben berücksichtigen. Nach dem GFK-Verständnis wollen wir, dass der andere unsere Bitte nur dann erfüllt, wenn er wirklich dazu bereit ist. So wird die Freude am Geben erhalten. Eine Bitte wäre genau genommen eine als Bitte verkleidete Forderung, wenn der andere mit Konsequenzen (Beschuldigung, Bestrafung z. B. durch emotionalen Rückzug) rechnen muss, sollte er der Bitte nicht nachkommen. Eine Forderung (oder auch eine Bitte, die als Forderung aufgefasst wird) erzeugt beim Gegenüber unweigerlich Abwehr und Widerstand anstelle des erwünschten Entgegenkommens.

Buchtipp: *Gewaltfreie Kommunikation – Eine Sprache des Lebens* von Marshall B. Rosenberg (2016), Junfermann.

> **IMPULS: Sprechen Sie die Sprache des Lebens!!**
>
> Einerseits ist die Gewaltfreie Kommunikation nach Marshall B. Rosenberg (kurz GFK) mit den vier Schritten eine praktikable Kommunikationsmethode, hilfreich insbesondere im Konfliktfall, andererseits eine auf Empathie, Respekt und Wertschätzung basierende Haltung, die eine zwischenmenschliche Verbindung auf Herzensebene ermöglicht.
>
> In der GFK gilt das Prinzip der Wechselseitigkeit. Das Bemühen geht dahin, sich selbst gegenüber achtsam und empathisch zu sein, eigene Gefühle und Bedürfnisse zu ergründen und dem Gegenüber aufrichtig mitzuteilen, was einem wichtig ist und was man sich wünscht – ohne Schuldzuweisungen, Zurechtweisungen und moralische Urteile. Und das Bemühen geht ferner dahin, anderen gegenüber achtsam und empathisch zu sein, Interesse für die Gefühle und Bedürfnisse aufzubringen, die sich hinter ihren Handlungen verbergen – auch hinter ihrer Aggression, ihren Vorwürfen und Urteilen.
>
> Ganz im Sinne des humanistischen Menschenbilds war es Rosenbergs Überzeugung, dass es Menschen von ihrer ursprünglichen Natur her Freude bereitet, zum Wohlergehen anderer beizutragen – vorausgesetzt, sie können dies freiwillig und aus innerer Motivation heraus tun.

21. | Gegensätze ausbalancieren

> „Nur die Gegensätze lehren einen die Welt kennen:
> Wer nicht ums Dunkel weiß, kann das Licht nicht erkennen."
>
> Aus Japan

In den Coachings, die ich mit HSP durchführe, kommen immer wieder Zwiespältigkeiten zur Sprache, die die Coachees irritieren und in Entscheidungsnot bringen und die sie am liebsten ein für alle Mal auflösen möchten. Sie beschreiben gemischte Gefühle, ein Hin- und Hergerissensein, zum Beispiel zwischen In-Gesellschaft-Sein und Für-sich-Sein, Hilfsbereitschaft und Selbstfürsorge, Anpassung und Abgrenzung, Unternehmungslust und Ruhebedürfnis, Abwechslung und Routine. Für viele ist die Einsicht neu, dass über die Zeit hinweg bei jedem der Gegensatzpaare die Lösung in einer stimmigen Balance liegt, im Sowohl-als-auch, nicht im Entweder-oder. Nur in den einzelnen Situationen ist eine Entscheidung erforderlich, wo man die aktuelle Priorität setzen will. Erleichternd wirkt die Erkenntnis, dass Ambivalenzen natürlicherweise zum Leben gehören.

Ambivalenz bezeichnet ein Erleben, das geprägt ist von einem inneren Konflikt, von der Gleichzeitigkeit widersprüchlicher Impulse, Gedanken, Gefühle und Bestrebungen. Jeder Mensch lebt in einem Spannungsverhältnis von verschiedenen Polaritäten, strebt nach Nähe und nach Distanz, nach Aktivität und nach Ruhe, nach Veränderung und nach Beständigkeit, auf jeder Achse mal mehr nach dem einen, mal mehr nach dem anderen, je nachdem, wo gerade das Wünschen und Sehnen hingeht.

Abhängig von der Persönlichkeit hat der Einzelne zwar seine Schwerpunkte in den Präferenzen (HSP tendenziell bei Distanz, Ruhe und Beständigkeit), braucht aber immer auch den jeweiligen Gegenpol für den gesunden Ausgleich. Im persönlichen Erkenntnis- und Entwicklungsprozess können Defizite ausfindig gemacht und behoben werden. Jedes aufgespürte Ungleichgewicht kann in eine Balance verwandelt werden.

Im Folgenden möchte ich drei wesentliche Polaritäten näher anschauen.

Polarität Nähe / Distanz

Verkürzt spreche ich von der Polarität zwischen Nähe und Distanz, an beiden Polen sind jedoch weitere Begriffe mitzudenken. Auf der Seite der Nähe: Bindung, Kontakt, Gemeinschaft, Geselligkeit, Anpassung u.a.m. Auf der Seite der Distanz: Autonomie, Für-sich-Sein, Individualität, Rückzug, Abgrenzung u.a.m.

Bei vielen HSP ist der vernachlässigte Pol die Distanz, insbesondere bei denjenigen, die in einer Familie leben und / oder bei der Arbeit ständig mit Menschen zu tun haben. Oft auch bei denen, die sich ihrer hochsensiblen Bedürfnislage noch nicht so bewusst geworden sind. In diesem Fall ist es wichtig, häufiger in den Rückzug zu gehen und insgesamt mehr Distanz herzustellen, um eine gesündere Balance herzustellen. Ein Fehlschluss wäre es allerdings zu denken, dass HSP gar nicht für enge Bindungen, Geselligkeit und Teamarbeit geschaffen sind. Denn in Wirklichkeit geht es „nur" um eine passende Beziehungsgestaltung, um ein verträgliches Maß an unmittelbarem Zusammensein, um geeignete gemeinsame Unternehmungen, um ein adäquates Tätigkeitsprofil.

Andere HSP haben ihr Leben schon sehr stark – vielleicht zu stark – zur Distanz hin ausgerichtet und sich sehr zurückgezogen, um nur ja überfordernde Nähe zu vermeiden. Bei ihnen besteht die Gefahr, dass Beziehungen und die Teilhabe am gemeinschaftlichen Leben zu kurz kommen. Machen wir uns klar: Der Mensch ist ein zutiefst soziales Wesen – auch der hochsensible! Bei noch so viel Freude am Alleinsein kann sich doch niemand selbst jederzeit vollständig genug sein. In der Befriedigung unserer sozialen Bedürfnisse sind wir alle auf andere Menschen angewiesen. Anerkennung, Aufmerksamkeit, Austausch, Geborgenheit, Verbundenheit, Zugehörigkeit, Verständnis, Mitgefühl, Liebe, Wärme, Wertschätzung – all das ist im Miteinander zu finden, in den verschiedenen Beziehungen in der Familie, in der Partnerschaft, in Freundschaften, im Bekanntenkreis, im Arbeitsumfeld.

Zu wenige zwischenmenschliche Kontakte und ein fehlendes Netz sozialer Bindungen sind ein nicht zu unterschätzendes Problem, auch wenn zunächst gar nicht bewusst sein mag, dass darin möglicherweise die Ursache für eine generelle Unzufriedenheit, trübsinnige Stimmungen und Antriebsarmut liegt. In diesem Fall würde die Ausgleichsbewegung in Richtung mehr Kontakt und Gemeinschaft gehen.

Polarität Aktivität / Ruhe

Auf der Seite der Aktivität: Tun, Unternehmung, Bewegung, Trubel, Anspannung, Anstrengung, Umtriebigkeit, Eile, Aktion, Arbeit, Leistung, Erfolgsstreben, Zielverfolgung u. a. m. Auf der Seite der Ruhe: Nichtstun, Verweilen, Innehalten, Stille, Entspannung, Erholung, Muße, Langsamkeit, Kontemplation, Müßiggang, Pause, Zufriedenheit, Sich-treiben-Lassen u. a. m.

Selbstverständlich wollen HSP wie andere Menschen auch ein aktives Leben führen, ihre Fähigkeiten und Kompetenzen in die Arbeit einbringen, Spannendes unternehmen, interessante Ziele verfolgen und Erfolge feiern. Dabei kann es allerdings leicht passieren, dass sie sich zu viel zumuten. HSP, die ihre Hochsensibilität nicht ausreichend berücksichtigen, nehmen zu viel Unruhe und Umtrieb in Kauf und vernachlässigen den Pol der Ruhe und der Gemächlichkeit. Mit der Konsequenz, dass sie aus der Übererregung kaum mehr herauskommen. Auf der anderen Seite gibt es HSP, die leidvoll eine Überforderung durch ein Zuviel an Anstrengung und Leistungsstreben erfahren haben (vielleicht sogar einen Burn-out), denen das Vertrauen in ihre Leistungsfähigkeit verloren gegangen ist und die auch nach einer Erholungszeit eher inaktiv bleiben. Sie finden sich am Ende womöglich in einer frustrierenden Unterforderung wieder.

Mir ist wichtig, dass man nicht ins generelle Bewerten kommt, die eine Seite (welche auch immer) als „gut", die andere als „schlecht" ansieht, sondern neutral bleibt. Alles mit Maß und Ziel (na ja, am Pol der Ruhe auch mal ohne Ziel!) und alles zu seiner Zeit: Wenn man ausgeruht ist, nimmt man sich motiviert Dinge vor, denkt sich Projekte aus (privat wie beruflich), erfährt sich selbst lebendig im Tun. Man empfindet Freude und Zufriedenheit, wenn man eine Aufgabe in den Griff bekommt, eine Problemlösung gefunden, eine Arbeit erledigt, ein Projekt erfolgreich abgeschlossen hat. Nach der Anspannung und Anstrengung genießt man im Kontrast die Entspannung und den Müßiggang. Und nach einer ausreichenden Zeit der Regeneration entwickelt man wieder Ideen und Schwung für neue Aktivitäten.

Polarität Veränderung / Beständigkeit

Auf der Seite der Veränderung: Wandel, Abwechslung, Überraschendes, Flexibilität, Neues, Innovation, Entwicklung, Spontaneität, Abenteuer u.a.m. Auf der Seite der Beständigkeit: Kontinuität, Routine, Rituale, Stabilität, Bekanntes, Bewährtes, Konsolidierung, Planung, Sicherheit u. a. m.

Auf der Achse Veränderung / Beständigkeit gibt es bei HSP die Tendenz, an Gewohntem und Bewährtem, planmäßigen Abläufen und geordneten Strukturen festzuhalten, um zu viel Ungewissheit, Unsicherheit und Unruhe zu vermeiden. Unwägbarkeiten, die sie nicht unter Kontrolle haben, werden von HSP als belastend erlebt, die Forderung nach hoher Flexibilität bereitet ihnen Stress. Sie finden es eher schwierig, mit Veränderungen umzugehen, selbst mit positiven, weil das immer mit einer gewissen Aufregung verbunden ist. Nicht nur ein Umzug, ein neuer Job, eine Veränderung der Familiensituation, auch größere Reisen und außergewöhnliche Unternehmungen lösen eine erhebliche Beunruhigung aus, schon in der Zeit der gedanklichen und praktischen Vorbereitung.

Aus diesen Präferenzen entwickeln sich Verhaltensmuster der Zurückhaltung, der Vorsicht, der Risikoscheu, der Vermeidung. Dabei kommen Spontaneität, Neugier, Entdeckungslust und Experimentierfreude leicht zu kurz, was eine Einbuße an Lebendigkeit und Freiheit bedeutet. Die Entwicklungsrichtung geht deshalb dahin, sich zumindest ein Stück weit für Neues, Überraschendes und Inspirierendes zu öffnen und damit den Spielraum für Kreativität und Erlebnisfülle zu erweitern. Über das vorübergehende Aushalten von Unsicherheit und das Sich-Einlassen auf neue Erfahrungen kann mit der Zeit ein Gefühl für die individuell stimmige Balance gewonnen werden.

IMPULS: Leben Sie ein Sowohl-als-auch!

Alle Menschen bewegen sich im Spannungsfeld widersprüchlicher Gefühle, Gedanken, Impulse, Bedürfnisse und Bestrebungen, mal mehr, mal weniger akut. Grundlegende Polaritäten sind die von Nähe / Distanz, Aktivität / Ruhe und Veränderung / Beständigkeit.

Ambivalenzen gehören für alle Menschen zum Leben. HSP empfinden eine Zwiespältigkeit als drückender, machen sich besonders viele Gedanken und ringen oftmals länger um eine „richtige" Entscheidung.

Situativ ist ein Priorisieren nötig, über die Zeit hinweg jedoch geht es nicht um ein Entweder-oder, sondern um ein ausbalanciertes Sowohl-als-auch, denn jeweils beide Pole stellen wichtige menschliche Strebungen dar. Eine stimmige Lebensführung ergibt sich aus einer gelungenen Integration der jeweils entgegengesetzten Pole.

22. | Werte einbringen

„Sei du selbst die Veränderung, die du dir wünschst für diese Welt."

Mahatma Gandhi (1869 – 1948)

Für den inneren Frieden und die Lebenszufriedenheit ist ein gelingendes, insgesamt erfreuliches Miteinander von immenser Bedeutung. Kommunikation ist dafür der Schlüssel. Kommunikation eröffnet einen gemeinsamen Raum, wirkt beziehungsstiftend. Andererseits ist Kommunikation äußerst störanfällig, weil sie hoch komplex ist. Missverständnisse und Irritationen sind an der Tagesordnung. Die Chance auf Klärung, Verständigung und Harmonie steigt, wenn die eigene Grundhaltung den Mitmenschen und sich selbst gegenüber eine freundliche, wohlwollende und nachsichtige ist.

Ich höre des Öfteren HSP sagen, wie enttäuscht und ärgerlich sie darüber sind, dass andere die Werte, die für sie selbst unabdingbar sind, nicht teilen bzw. sich nicht danach verhalten. Da es aber nicht in unserer Macht liegt, andere zu ändern, können wir nur bei uns selbst ansetzen. Wir können die Werte, die uns wichtig sind, selbst leben und ins Miteinander einbringen. Wenn wir Glück haben, nimmt unser Gegenüber unsere Linie auf, wenn nicht, können wir letztlich nur – aus Gründen der Selbstfürsorge – für uns die Konsequenzen ziehen, uns (ein Stück weit) distanzieren, uns abwenden und anderweitig orientieren.

Werte sind fest gefügte, bedeutsame Qualitäten, Überzeugungen und Haltungen, die als gut und richtig erachtet werden. Haltungen stehen für die Bereitschaft, auf eine bestimmte Weise wahrzunehmen, zu denken, zu fühlen, mit Situationen und Menschen umzugehen. Werte sind nicht zu verwechseln mit Zielen. Ziele beschreiben, was wir in der Zukunft erreichen möchten, Werte beschreiben, wie wir uns jederzeit in der Gegenwart verhalten möchten. Werte geben Orientierung, dienen als Leitlinie für jegliches Handeln im Kontext sozialer Interaktion. Die nachfolgend aufgeführten fünf Werte halte ich für besonders wichtig für ein gelingendes Miteinander. Sie erheben jedoch keinen Anspruch auf Vollständigkeit.

Inwieweit es uns gelingt, im täglichen Miteinander den eigenen Werten zu folgen, hängt von mehreren Faktoren ab: der persönlichen Vorgeschichte, der konkreten Kommunikationssituation, der Art des Kontakts, dem besprochenen Thema und der momentanen eigenen Verfassung. Sind wir von den als richtig erkannten Werten abgewichen, können wir dies ohne Selbstvorwürfe bemerken und jederzeit wieder darauf zurückkommen.

Respekt

Respektvolle Kommunikation ist höflich, fair und diskriminierungsfrei. Sie bedeutet, anderen Beachtung und Gehör zu schenken, die Meinung anderer gelten zu lassen. Dies ermöglicht konstruktive Dialoge und erleichtert das Lösen von Konflikten. Respekt ist gleichsam eine „Investition". Wer anderen aufrichtigen Respekt entgegenbringt, kann mit höherer Wahrscheinlichkeit damit rechnen, dass diese sich ebenfalls respektvoll verhalten. Respekt ist eng verbunden mit Achtung und Wertschätzung.

In der Humanistischen Kommunikation gilt das Prinzip der „unbedingten Wertschätzung". Nach dieser Grundhaltung wird das Gegenüber als ganze Person bejaht, ungeachtet dessen, ob man selbst mit den Äußerungen, dem Auftreten und dem Verhalten des anderen einverstanden ist. Der entscheidende Punkt ist, dass die eigene Bewertung der Einstellungen und Verhaltensweisen des Gegenübers nichts am Wert der Person ändert.

Zum Respekt gehört auch, dass man alle Menschen als gleichwertig sieht, unabhängig von Bildungsgrad, Herkunft, Status, Hierarchiestufe, Seniorität etc. Jesper Juul hat den Begriff Gleichwürdigkeit geprägt und meint damit, dass die Beziehungspartner menschlich von gleichem Wert und gleicher Würde sind und sich gegenseitig vollständigen Respekt erweisen.

Wahrhaftigkeit

Wahrhaftige Menschen sagen die Wahrheit, stehen zu dem, wovon Sie überzeugt sind und wer sie sind, machen anderen nichts vor, verzichten auf Taktik und Täuschung. Wer wahrhaftig und authentisch ist, spielt keine Rolle, setzt keine Maske auf. Er ist sich über seine momentanen Empfindungen bewusst, verleugnet sie nicht, teilt sie in angemessener Weise offen mit und wird damit als Mensch transparent und erfahrbar. Wer sich ehrlich und unverstellt zeigt, kann von anderen erkannt und eingeschätzt werden (vgl. hierzu auch Kapitel 18 „Authentizität"). Über Wahrhaftigkeit entstehen Glaubwürdigkeit und Vertrauenswürdigkeit.

Gemütsruhe

Wenn uns jemand Vorwürfe macht, uns beleidigt oder beschimpft, ist unser erster Impuls, dem sogleich energisch etwas entgegenzusetzen, quasi „zurückzuschlagen". Das jedoch würde einen Kreislauf in Gang bringen, in dem der Konflikt immer hitziger wird und der Streit immer schwieriger beizulegen ist. Ratsamer ist es, in heiklen Situationen der Interaktion die „Contenance" (= Haltung, Fassung, Gemütsruhe) zu wahren, das heißt, beherrscht und besonnen zu reagieren, um eine Eskalation zu verhindern.

Eine Unfreundlichkeit oder ein Vorwurf kann (erst einmal) hingenommen und mit Schweigen beantwortet werden. Das Schweigen heißt nicht, dass wir zustimmen, auch nicht, dass der Prozess zu Ende ist. Wir können, wenn es uns dann noch wichtig ist, später ein neues Zeitfenster für ein Gespräch aufmachen und dann in Ruhe die eigene Sichtweise, das eigene Anliegen ansprechen, Grenzen aufzeigen. Die Absicht ist nicht, einen Konflikt um jeden Preis zu vermeiden, sondern die Schärfe und die starke Emotionalität aus dem aktuellen Geschehen herauszunehmen.

Milde

Wir können uns immer wieder daran erinnern, dass Irrtümer, Fehler, Ausrutscher und Schwächen zum Menschsein gehören, dass Enttäuschungen und Verletzungen in Beziehungen unvermeidbar sind. So gesehen gilt es,

Milde, Nachsicht, Geduld, Gelassenheit, Weitherzigkeit und Großzügigkeit uns selbst und anderen gegenüber aufzubringen und zu kultivieren.

Milde bedeutet auch, nach einem Streit den ersten Schritt zu tun, wieder auf den anderen zuzugehen, Versöhnung zu suchen. Dazu kann es nötig sein, das Problem, das zum Streit geführt hat, anzusprechen und auszudiskutieren. Manchmal kann man aber auch das, was geschehen ist, auf sich beruhen lassen, gerade wenn es sich um eine einmalige und weniger schwerwiegende Sache handelt.

Häufig höre ich die Argumentation, es sei nicht einzusehen, dass wir diejenigen sein sollen, die das „Fehlverhalten" anderer ausgleichen. Warum eigentlich nicht? Derjenige, der in der Kommunikationssituation mehr Einsicht und den besseren Überblick hat und der über mehr Kommunikations-Know-how verfügt, kann für eine konstruktive Kommunikation sorgen – weder arrogant noch sich unterordnend, in dem Verständnis, dass es nicht um Siegen oder Verlieren geht.

Leichtigkeit

Es empfiehlt sich, Werte nicht als starres Regelwerk zu betrachten, sondern sie unverkrampft zu verfolgen. Steven Hayes schreibt dazu in seinem Buch *Kurswechsel im Kopf* (2020): „Das Wort ‚Wert' ist auch im Begriff ‚Werturteil' vorhanden und, wie viele öffentliche Debatten offenbaren, können Werte als Knüppel dienen, mit dem wir auf uns selbst und andere einprügeln." Es gehe vielmehr darum, sich wertfrei selbst zu überprüfen, in Kontakt mit seinen authentischen Werten zu kommen und über die Werteorientierung das eigene engagierte Handeln zu fördern.

Neben aller Ernsthaftigkeit braucht es im Miteinander auch Leichtigkeit, Spaß und Humor. Humor wirkt sich mildernd aus auf verengte Sichtweisen, eine zu strenge Ordnung, eine übertriebene Zielstrebigkeit, auf jegliche Verbissenheit. Mit einem Sinn für Humor können wir auch einer angespannten oder angstbesetzten Situation komische Aspekte abgewinnen. Gemeinsames Lachen tut gut und ist befreiend. Dem Variantenreichtum von Humor sind keine Grenzen gesetzt, solange der Humor nicht auf jemandes Kosten geht und nicht in bissigen Sarkasmus abgleitet. Eine positive Wirkung entfaltet der Humor, wenn er deutlich mit Respekt und Wohlwollen verbunden ist. Dann ist er auflockernd, einladend und ansteckend, vermag den Möglichkeitsraum zu erweitern.

IMPULS: Verhalten Sie sich loyal zu Ihren Werten!

Unsere Entscheidungen und Handlungen basieren auf unserer subjektiven Weltsicht und unseren persönlichen Wertvorstellungen. Die Werte, auf die wir uns beziehen, haben Einfluss auf unseren Umgang mit uns selbst und den Umgang mit anderen und somit auf unser psychisches und soziales Wohlergehen. Es geht nicht darum, sich jederzeit „perfekt" zu verhalten. Werte sind eher als Ideale zu sehen, die Orientierung geben und auf die wir uns immer wieder zurückbesinnen können. Es liegt in unserer Verantwortung, unseren Anteil an der Kommunikation entsprechend den von uns frei gewählten Werten in kreativer, zuträglicher und konstruktiver Weise zu gestalten.

Schluss

„Geduld ist das Schwerste und das Einzige, was zu lernen sich lohnt. Alle Natur, alles Wachstum, aller Friede, alles Gedeihen und Schöne in der Welt beruht auf Geduld, braucht Zeit, braucht Stille, braucht Vertrauen."

Hermann Hesse (1877 – 1922)

HSP sind in ihrer Lebenszufriedenheit, in ihrem Erfolg und in ihrer Gesundheit in ungewöhnlich hohem Maße abhängig von geeigneten Umgebungsbedingungen. Dies meint die räumliche Umgebung, das soziale Umfeld, den beruflichen Rahmen. Des Weiteren spielt die gesamte Lebensführung eine große Rolle: die Alltagsgewohnheiten, der Lebensstil, der Lebensrhythmus. Nachdem Sie nun umfangreiche Informationen über Hochsensibilität gesammelt haben, können Sie vieles besser einschätzen. Erkunden Sie für sich persönlich, was Ihnen guttut und was nicht, was Sie brauchen und was nicht (mehr) sein darf.

Was die Selbstfindung, die Neubewertung der Wesensart und die Neuorientierung angeht, wirkt der Austausch mit Gleichgesinnten sehr unterstützend. Suchen Sie den Kontakt zu anderen HSP, treffen Sie sich mit ihnen in regionalen realen Zusammenkünften oder in Online-Gruppen. Ich stelle immer wieder fest, dass die Gesprächsrunden als erleichternd, wohltuend und bestärkend empfunden werden.

Gestalten Sie Ihr Leben in allen Bereichen so gut es nur geht im Einklang mit dem Hochsensibelsein. Seien Sie dabei nicht verbissen, streng und engstirnig, sondern gelassen, flexibel und experimentierfreudig. Den Möglichkeiten im realen Leben sind Grenzen gesetzt, aber nehmen Sie die Dinge nicht zu schnell als unabänderlich hin. Nutzen Sie Ihren Handlungsspielraum und erweitern sie ihn nach Kräften. Man überschätzt vielleicht, was kurzfristig zu erreichen ist, man unterschätzt aber sicherlich, was langfristig möglich ist.

Drei Fähigkeiten helfen, mit den Herausforderungen des Lebens zurechtzukommen: Urteilsfähigkeit, Entscheidungsfähigkeit und Handlungsfähigkeit. Es beginnt mit dem Problembewusstsein, geht weiter mit dem Annehmen der Eigenverantwortung und dem konstruktiven Überdenken, was zu tun ist, und braucht die Entschlossenheit zu handeln. Und schließlich kommt das tatsächliche Handeln. Sollte sich im Laufe der Zeit eine Entscheidung bzw. ein Handeln als ungünstig herausstellen, spüren Sie genau hin, woran es liegt, dass es nicht passt, wägen Sie Ihre Handlungsoptionen ab, entscheiden und handeln Sie neu. Es gibt nicht Start und Ziel, vielmehr ist es eine stetige Weiterentwicklung, ein immerwährender Prozess.

Schauen Sie aufmerksam auf den Umgang mit sich selbst und den Umgang mit anderen, beides geht Hand in Hand und wirkt zusammen. Seien Sie wohlwollend, empathisch und zugewandt in den Beziehungen zu anderen und seien Sie liebevoll, empathisch und fürsorglich in der Beziehung zu sich selbst.

Von Herzen alles Gute für Sie!

Ulrike Hensel

↗ http://www.coaching-fuer-hsp.de
hensel@coaching-fuer-hsp.de

Literaturverzeichnis

Aron, Elaine N. (2012): *Author´s Note.* Einzusehen unter: ↗ http://hsperson.com/pdf/Authors_note_HSPbk_Preface.pdf (letzter Aufruf am 17.01.2023).

Aron, Elaine N. (2014): *Sind Sie hochsensibel? Ein praktisches Handbuch für hochsensible Menschen. Das Arbeitsbuch.* München: mvg.

Aron, Elaine N. (2015a): *Hochsensibilität in der Liebe. Wie Ihre Empfindsamkeit die Partnerschaft bereichern kann* (5. Auflage). München: mvg.

Aron, Elaine N. (2015b): *Sind Sie hochsensibel? Wie Sie Ihre Empfindsamkeit erkennen, verstehen und nutzen* (10. Auflage). München: mvg.

Böschemeyer, Uwe (2003): *Worauf es ankommt. Werte als Wegweiser.* München: Piper.

Brown, Brené (2017): *Verletzlichkeit macht stark: Wie wir unsere Schutzmechanismen aufgeben und innerlich reich werden.* München: Goldmann.

Bryson, Kelly (2006): *Sei nicht nett, sei echt! Das Gleichgewicht zwischen Liebe für uns selbst und Mitgefühl mit anderen finden. Handbuch für Gewaltfreie Kommunikation.* Paderborn: Junfermann.

Childre, Doc & Rozman, Deborah (2006): *Verwandle deine Wut. Innere Ausgeglichenheit durch Herzintelligenz.* Freiburg: Herder.

Falkenstein, Tom (2017): *Hochsensible Männer: Mit Feingefühl zur eigenen Stärke.* Paderborn: Junfermann.

Fromm, Erich (2000): *Authentisch leben.* Freiburg: Herder.

Harris, Russ (2013): *Wer dem Glück hinterherrennt, läuft daran vorbei: Ein Umdenkbuch.* München, Goldmann.

Hayes, Steven C. (2020): *Kurswechsel im Kopf: Von der Kunst anzunehmen, was ist, und innerlich frei zu werden.* Weinheim: Beltz.

Hensel, Ulrike (2015): *Hochsensible Menschen im Coaching: Was sie ausmacht, was sie brauchen und was sie bewegt.* Paderborn: Junfermann.

Hensel, Ulrike (2018a): *Hochsensibilität verstehen und wertschätzen: Mit ausführlichem Fragebogen „Bin ich hochsensibel?"* (2. Auflage). Paderborn: Junfermann.

Hensel, Ulrike (2018b): *Hochsensible Mitmenschen besser verstehen. Unterstützung für Partner, Familienangehörige, Freunde, Kollegen und Vorgesetzte.* Paderborn: Junfermann.

Huppertz, Michael (2022): *Die Kunst da zu sein: Häufig, selten und nie gestellte Fragen zur Achtsamkeit.* Frankfurt: Mabuse.

Jellouschek, Hans (2004): *Liebe auf Dauer. Die Kunst, ein Paar zu bleiben.* Stuttgart: Kreuz.

Jung, Mathias (2004): *FreiRaum: Ein Zimmer für mich allein: Selbstbestimmung und Freiheit in der Partnerschaft.* Lahnstein: emu.

Juul, Jesper (2007): *Was Familien trägt. Werte in Erziehung und Partnerschaft. Ein Orientierungsbuch* (4. Auflage). München: Kösel.

Juul, Jepser (o. J.): *Beziehung schaffen in meiner Familie.* Interview mit Ingeborg Szöllösi. Einzusehen unter: ↗ https://www.yumpu.com/de/document/view/19669793/beziehung-schaffen-in-meiner-familie-teil-i-interview-familylab (letzter Aufruf am 21.01.2023).

Kahnemann, Daniel (2016): *Schnelles Denken, langsames Denken.* München: Penguin.

Kempton, Beth (2019): *Wabi-Sabi: die Japanische Weisheit für ein perfekt unperfektes Leben.* Köln: Bastei Lübbe.

Klein, Stefan (2014): *Die Glücksformel: oder Wie die guten Gefühle entstehen.* Frankfurt a.M.: Fischer.

Li, Quing (2018): *Die wertvolle Medizin des Waldes. Wie die Natur Körper und Geist stärkt.* Reinbek bei Hamburg: Rowohlt.

Pieper, Georg (2012): *Wenn unsere Welt aus den Fugen gerät: Wie wir persönliche Krisen bewältigen und überwinden.* München: Knaus.

Pörksen, Bernhard & Schulz von Thun, Friedemann (2014): *Kommunikation als Lebenskunst. Philosophie und Praxis des Miteinander-Redens.* Heidelberg: Carl Auer.

Ricard, Matthieu (2009): *Glück: Mit einem Vorwort von Daniel Goleman.* München: Knaur MensSana.

Rosenberg, Marshall B. (2016): *Gewaltfreie Kommunikation. Eine Sprache des Lebens* (10. Auflage). Paderborn: Junfermann.

Rosenberg, Marshall B. (2004): *Konflikte lösen durch Gewaltfreie Kommunikation: Ein Gespräch mit Gabriele Seils.* Freiburg i.Br.: Herder.

RPP Institut (2015): *Perfektionismus und innere Freiheit* (Raphael M. Bonelli). Einzusehen unter ↗ https://www.youtube.com/watch?v=YBqKHiavF-c (letzter Aufruf am 23.01.202).

Singer, Wolf & Ricard, Matthieu (2018): *Jenseits des Selbst: Dialoge zwischen einem Hirnforscher und einem buddhistischen Mönch.* Berlin: Suhrkamp.

Schorr, Brigitte (2022): *Hochsensible Mütter.* Holzgerlingen: SCM Hänssler.

Wengenroth, Matthias (2016): *Das Leben annehmen. So hilft die Akzeptanz- und Commitment-Therapie (ACT).* Bern: Hogrefe.

Online-Quellen

Website von Elaine Aron: ↗ https://hsperson.com

Website des Informations- und Forschungsverbundes Hochsensibilität e. V. (IFHS): ↗ https://www.hochsensibel.org/

Website des Forschungsteams rund um Prof. Michael Pluess von der Queen Mary University of London: ↗ https://sensitivityresearch.com/de/

Das Grundlagenbuch zur Hochsensibilität

Ulrike Hensel
Hochsensibilität verstehen und wertschätzen
Mit ausführlichem Fragebogen – Bin ich hochsensibel?

Hochsensibilität ist ein Thema, das alle angeht: 15–20 Prozent der Menschen zählen zu der Gruppe der Hochsensiblen; die anderen begegnen ihnen Tag für Tag.

Dieses Buch vermittelt Wissen, ermöglicht Erkenntnisgewinn – und es gibt auch Rat. Sie finden heraus: Sind Sie hochsensibel? Ist Ihr Gegenüber hochsensibel? Was genau macht Hochsensibilität aus? Was bringt sie alles mit sich? Ulrike Hensel befasst sich mit den Auswirkungen der Hochsensibilität in den unterschiedlichen Lebensbereichen, von der Familie bis zum Beruf. Und sie vermittelt eine Vorstellung davon, wie man als hochsensibler Mensch gut mit sich klarkommt und wie ein erfreuliches Miteinander gelingen kann.

Ulrike Hensel
ist Sachbuchlektorin, Autorin und Coach für Hochsensible. Sie behandelt das Thema Hochsensibilität sachlich und neutral und verknüpft es mit dem der Kommunikation.
www.coaching-fuer-hsp.de

256 Seiten, kart. • € (D) 24,00 • ISBN 978-3-95571-827-5
Auch als E-Book erhältlich.

Weitere erfolgreiche Titel:
Resilient durch Yoga
ISBN 978-3-95571-566-3
Mit Schmerzen leben
ISBN 978-3-95571-674-5
Kluge Köpfe, krumme Wege?
ISBN 978-3-95571-426-0

www.junfermann.de

Mit Hochsensiblen zusammenleben

Ulrike Hensel
Hochsensible Mitmenschen besser verstehen

Unterstützung für Partner, Familienangehörige, Freunde, Kollegen und Vorgesetzte

Ist Ihr Partner hochsensibel? Ihre Freundin, Ihr Bruder, Ihre Kollegin, Ihr Mitarbeiter? Dann ist dies das richtige Buch für Sie!

Wer mit Hochsensiblen zu tun hat, ist mit einigen Herausforderungen konfrontiert. Von ihm wird erwartet, dass er sich einfühlt in ein Gefühlsleben, das er nicht aus eigener Erfahrung kennt. »Nimm dir das doch nicht so zu Herzen«, »Jetzt mach kein Drama aus der Sache!«, »Was hast du jetzt schon wieder?« – so oder ähnlich kommentieren Menschen aus dem Umfeld die Reaktionen von Hochsensiblen. Damit wiederum fühlen sich Hochsensible verkannt und gekränkt, und so können aus Kleinigkeiten schnell große Probleme entstehen. Wie trotz aller Unterschiede ein erfreuliches Miteinander möglich ist, darüber informiert dieses Buch. Mit ausführlichem Fragebogen »Bin ich hochsensibel?«.

208 Seiten, kart. • € (D) 20,00 • ISBN 978-3-95571-670-7
Auch als E-Book erhältlich.

Ulrike Hensel ist Sachbuchlektorin, Autorin und Coach für Hochsensible. Deren Erlebniswelt kennt sie bestens aus zahlreichen Kontakten und aus eigener Anschauung.
www.coaching-fuer-hsp.de

Weitere erfolgreiche Titel:
Kluge Köpfe, krumme Wege?
ISBN 978-3-95571-426-0
Hochsensible Männer
ISBN 978-3-95571-493-2
Mindfulness – Gelebte Achtsamkeit
ISBN 978-3-95571-671-4

www.junfermann.de

Hochsensible adäquat begleiten

Ulrike Hensel
Hochsensible Menschen im Coaching
Was sie ausmacht, was sie brauchen und was sie bewegt

Circa 20 Prozent der Menschen gehören zu den hochsensiblen Personen (HSP), die ausgesprochen fein wahrnehmen, gründlich nachdenken und intensiv fühlen. Jeder Coach hat es in seiner Praxis – je nach Ausrichtung mehr oder weniger häufig – unter anderem mit HSP zu tun. Grund genug, sich ein Rüstzeug für eine adäquate Begleitung von HSP zuzulegen, selbst wenn keine Spezialisierung auf diese Zielgruppe beabsichtigt ist.

Das Phänomen Hochsensibilität wird im Buch umfassend erläutert und in seinen vielfältigen Erscheinungsformen und Auswirkungen dargestellt. Die Anforderungen von HSP an den Coach und an das Coaching werden ebenso beleuchtet wie typische Anliegen und Lebensfragen. Coaches erfahren, wie sie HSP erkennen, sich bestmöglich auf sie einstellen und sie effektiv unterstützen können.

240 Seiten, kart. • € (D) 29,00 • ISBN 978-3-95571-416-1
Auch als E-Book erhältlich.

Ulrike Hensel arbeitet selbstständig als Textcoach und Coach für Hochsensible. Selbst hochsensibel, ist es ihr ein Anliegen, Hochsensible in ihrem Selbstwertgefühl zu stärken.

Weitere erfolgreiche Titel:
Ich habe es doch nur gut gemeint
ISBN 978-3-95571-332-4
Coaching for Performance
ISBN 978-3-95571-036-1
Neurolinguistisches Coaching
ISBN 978-3-95571-446-8

www.junfermann.de

Männer in ihrem Selbstwert stärken

Tom Falkenstein
Hochsensible Männer
Mit Feingefühl zur eigenen Stärke
Mit einem Vorwort von Elaine Aron

„Weichei", „Warmduscher", „Mimose" – der hochsensible Mann ist mit dem gängigen Rollenklischee konfrontiert und wird schnell als unmännlich abgestempelt.

Immer wieder erleben Psychotherapeuten wie Tom Falkenstein, wie diese besonders tiefsinnigen Klienten unter ihrer angeborenen Temperamenteigenschaft leiden. Sie schämen sich für ihre Empfindsamkeit. In seinem Buch beleuchtet der Autor alle Aspekte der Hochsensibilität aus Sicht des Mannes: Merkmale, Angrenzung zu psychiatrischen Diagnosen – und vor allem: den selbstfürsorglichen Umgang mit der eigenen Sensibilität. Zahlreiche Übungen sowie Interviews mit hochsensiblen Männern, die gut mit ihrer Disposition leben, zeigen auf: Das Ziel ist nicht, weniger sensibel zu sein, sondern seine Stärken schätzen und einsetzen zu lernen.

Tom Falkenstein ist Psychologischer Psychotherapeut mit Spezialisierung auf Kognitiver Verhaltenstherapie in eigener Praxis in Berlin.

„Ein wichtiges und nützliches Buch, das Druck wegnimmt und praktische Werkzeuge an die Hand gibt. Danke, Tom Falkenstein!"
– Georg Parlow, Autor von „zart besaitet"

224 Seiten, kart. • € (D) 26,00 • ISBN 978-3-95571-493-2
Auch als E-Book erhältlich.

Weitere erfolgreiche Titel:

Die Stärken der Stillen
ISBN 978-3-95571-340-9
Achtsamkeitsübungen
ISBN 978-3-95571-405-5
Vielbegabt, Tausendsassa, Multitalent?
ISBN 978-3-95571-675-2

www.junfermann.de